La semilla del diablo:
Un Camelot satánico

Rosemary Thorne

www.archivosvola.es

Del texto y de la traducción del Anexo I
© 2024, Rosemary Thorne

© Archivos Vola, Madrid, 2024

ISBN: 978-84-128026-6-5
Depósito legal: M-10768-2024

Impreso en España

Índice

La semilla del diablo: un Camelot Satánico

Introducción

El 12 de marzo de 1967, el escritor neoyorquino Ira Levin publicó la novela que sigue siendo un hito del género de terror más de cincuenta años después. Su nombre, *Rosemary's Baby*, ya estaba en la cabeza del autor años atrás. En su página web, aparece una nota fechada el 14 de junio de 1960 en la que se lee: "mujer embarazada con bebe anti-natural". Aproximadamente por estas fechas, Jacqueline Kennedy anunció que no acompañaría a su marido durante la campaña presidencial contra Nixon por miedo a sufrir un nuevo aborto.

Cinco años más tarde, el 15 de octubre de 1965, Levin anotó: "Quiero hacer una novela acerca de una pareja rica y atractiva en Nueva York. Preferiblemente, una novela no muy larga. Un poco siniestra. Gótica. Del tipo: *Todo está en calma, todo es luminoso*". Y en notas subsiguientes, lo que llevaba años desarrollando en su subconsciente: "El bebé", "Madre e hijo".

Desde la primera idea anotada por el escritor en 1960 a las notas posteriores de 1965, habían tenido lugar los siguientes acontecimientos en el país: John Fitzgerald Kennedy había ganado las elecciones, convirtiéndose en el primer presidente católico de la historia de la República, además de ser el más joven. A la par, el país experimentaba violentas convulsiones a causa del conflicto racial y la deficiencia de derechos civiles de la población afroamericana. En cuanto a su política exterior, una concatenación de crisis en el Caribe estuvo a punto de ser la causa de una guerra nuclear en el verano de 1963. Meses más tarde, el trigésimo quinto presidente de los EEUU era asesinado en Dallas, y el Congreso hubo de aprobar una ley autorizando al vicepresidente Lyndon B. Johnson a ocupar su lugar como presidente. La tensión interracial se acrecentó con el asesinato de Malcom X el 21 de febrero de 1965, tras una campaña de un fervor sin precedentes por parte del líder musulmán que aunaba lo político con lo religioso y lo racial.

El 18 de octubre de 1965, Levin continúa acotando su objetivo: "El nacimiento sucederá el 25 de junio, no el 25 de diciembre. Es la antítesis oscura del mito de Cristo: el Padre, el Hijo, y el espíritu No Santo. El nacimiento del Hijo, de una inconsciente anti-virgen María". El 21 de octubre, finalmente, después de escribir los nombres y apellidos de los personajes principales, anota en su cuaderno

"*Rosemary's child*", quedándose ya a milímetros del nombre que sería referente en el imaginario de terror en todo el mundo: *Rosemary's baby*.

¿Qué motivó a este escritor judío del Bronx a hacer tales consideraciones de la fe cristiana? En mi opinión, tanto él como otros ciudadanos críticos estadounidenses, estaban reaccionando ante la fuerte ola de fundamentalismo católico que se expandió en los EEUU desde que los Kennedy ocupasen dos de los pilares fundamentales del país: la Presidencia y la Fiscalía General del Estado.

Un mes antes de que se sentara a escribir su blasfemo relato, el Sumo Pontífice de la Sagrada Iglesia Romana, el papa Pablo VI, visitaba por primera vez las ex-colonias inglesas. Fue una visita relámpago de catorce horas, en las que el ilustre mandatario religioso mantuvo una apretadísima agenda: primero visitó la catedral de San Patricio; después se reunió con Lyndon B. Johnson en el *Waldorf Astoria*. Seguidamente asistió a la Asamblea General de la ONU exhortando el fin de la guerra de Vietnam, y posteriormente ofició una misa masiva en el *Yankee Stadium*. Antes de embarcar de vuelta, aún le dio tiempo a inaugurar el pabellón del Vaticano en la Feria Mundial de Nueva York. En la exposición figuraban las reproducciones de la Capilla Sixtina que Rosemary presenciará en su sueño.

El 15 de noviembre de 1965, Levin comenzó por fin a escribir la historia que llevaba cinco años germinando en su interior. Lo hace a la par que los acontecimientos de la realidad, que distorsionó con el fin de crear una de las novelas más perturbadoras de todos los tiempos. La primera escena muestra al joven matrimonio Woodhouse visitando el *Bramford* el martes 3 de agosto de 1965. Eran, efectivamente, una atractiva pareja en la ciudad de Nueva York. Formaban parte de la Generación del Silencio, que tenía como referencia a los Kennedy. En ese momento en el que pisan el *Bramford* por primera vez no saben que van a protagonizar su propia fábula de Camelot con tintes satánicos.

El mito de Camelot fue conjurado por Jacqueline Kennedy en una entrevista que el periodista Theodore H. White realizó una semana después de que asesinaran a su marido. El 6 diciembre de 1963, tal entrevista salió publicada en *Life*, comparando la administración Kennedy con el ideal artúrico: "Un breve pero luminoso momento". Sin embargo, para algunos historiadores imparciales, nada estaba más alejado de la realidad. Cuanta más atención se presta al mandato de los Kennedy, más dudas surgen sobre la adecuación de sus decisiones tanto a nivel nacional como en política exterior. En cambio, su nombre sigue siendo paradigma de eficacia política gracias a una de las campañas de marketing más logradas de la historia. Estuvo coordinada mano a mano por el ambicioso cabeza del clan Kennedy, Joseph Patrick Kennedy Sr., y la propia Jacqueline Kennedy, ex-periodista y fotógrafa, que también participó en el despliegue de aquel escenario de mentiras. Un ejemplo ilustrativo de la tergiversación de su imagen es que apenas se encuentran fotos de la ex-primera Dama con un cigarrillo entre los dedos, siendo como era fumadora compulsiva incluso estando embarazada.

La imagen estereotipada del joven matrimonio presidencial influenció a muchas parejas de su tiempo. Aquel ideal de jovial renovación, epitomizado por la redecoración de la Casa Blanca, es lo que vendieron a la sociedad norteamericana de los 60. El 14 de febrero de 1962, fecha escogida con exquisita inteligencia, la señora Kennedy invitó a las cadenas de televisión CBS, NBC y ABC a que filmaran los cambios que había introducido en el histórico edificio presidencial. El clip se puede encontrar en *Youtube*.

La joven esposa Rosemary Woodhouse hace lo mismo con el viejo apartamento de la señora Gardenia, eligiendo bandas blancas y amarillas para las sábanas, las baldas, las cortinas del baño, etc... Quizá en la novela de Levin esta elección de colores no salta tanto a la vista como en la posterior adaptación cinematográfica llevada a cabo por Roman Polanski. El constante tinte de pálido gualdo permea la película sugiriendo quizá pestilente olor a azufre. ¿Sería también sulfuroso el enigmático tufo de la raíz de Tanis? Quizá las bandas blancas y amarillas sencillamente hagan referencia a la bandera vaticana, creada por Pío VII en 1808.

De la misma manera que el apartamento 7E de los Woodhouse era la parte anterior de la casa de los Castevets en el 7A, la mismísima Casa Blanca parece querer adherirse a estos dos siniestros hogares del *Bramford*. Evidencia de esta conexión es que la propia Jacqueline aparezca varias veces en el "sueño-ritual" que Rosemary experimenta en el salón de los Castevets.

En suma, *La semilla del diablo* puede entenderse como un Camelot satánico en el que Ira Levin destiló el espíritu de su tiempo, y cuya maldita esencia expandió posteriormente Roman Polanski, creando una mitología paralela que, como la de los Kennedy, no deja de producir literatura.

¿Un breve y luminoso momento?

Analizar con neutralidad la presidencia de Kennedy sigue siendo controvertido en la actualidad. Se obvia, por ejemplo, el papel esencial del patriarca de la estirpe, Joseph Patrick Kennedy Sr., quien con empeño acabó cumpliendo el sueño de situar a uno de sus hijos en la Casa Blanca. Lo consiguió gracias a una imponente maquinaria mediática que con meticulosidad implantó en la mente de los norteamericanos narrativas glamurosas en torno al matrimonio presidencial y el resto de su familia.

Cabe recordar que más de cinco millones de irlandeses desembarcaron en las costas del Nuevo Mundo entre mediados del siglo XIX y principios del XX. Contaban con una ventaja crucial sobre el resto de los inmigrantes: eran ya angloparlantes, y por ello pudieron ir cubriendo puestos de responsabilidad y mando, primero controlando el pulso social desde los sindicatos y pasando después a copar los departamentos de policía. Así fueron ascendiendo hasta alcanzar puestos de relevancia política como alcaldes, gobernadores y senadores, siendo esto último escalón esencial para aspirar a la Presidencia.

Así fue como el padre de Joseph Patrick Kennedy Sr., Patrick Joseph Kennedy, (esto es, el abuelo del futuro presidente), ascendió socialmente, consolidando una firme reputación tan solo treinta y cinco años después de que abandonara Wexford, Irlanda, y arribara al puerto de Boston en 1845 huyendo de la Gran Hambruna que asoló Irlanda entre 1845 y 1849. Joseph Patrick Kennedy Sr., con igual ambición, cortejó a Rose Fitzgerald Kennedy, la hija del ilustre y respetable John Francis Fitzgerald, alcalde de Boston entre 1906 y 1914.

No es casual que Boston sea la ciudad de los EEUU con más alto índice de abusos sexuales por parte de sacerdotes católicos, con una cifra de al menos 789 menores de hasta cuatro años desde 1940 hasta la fecha. Así lo hizo constar en 2003 el Fiscal General del Estado Tom Reilly en un informe de 91 páginas. "Está más allá de lo increíble", aseveró. El periódico *The Boston Globe* recibió el *Premio Pulitzer* ese mismo año por la arriesgada cobertura de los escándalos sexuales de miembros de la iglesia católica romana. La película *Spotlight* (2015) cuenta la historia del equipo de periodistas que investigó con minuciosidad cientos de casos, y que finalmente expuso que la iglesia conocía el problema, y que reaccionó transfiriendo a los curas pervertidos a otras parroquias con el fin de minimizar los escándalos.

Estos incidentes sucedieron mucho después de la alcaldía del excelso John Francis Fitzgerald, quien junto con su hija Rose visitó el Vaticano en 1908, teniendo una audiencia privada con el papa de entonces, Pío X. No es de extrañar que en 1951, la madre del trigésimo quinto presidente de los EEUU fuese nombrada *Condesa Papal de la Santa Iglesia Romana* por el papa Pío XII. Y para asegurar el futuro de su estirpe, Joseph Patrick Kennedy Sr. y Rose Fitzgerald tendrían nueve hijos: Joseph Jr., John, Rosemary, Katheleen, Eunice, Patricia, Robert, Jean y Edward.

El patriarca de los Kennedy impuso a sus hijos una disciplina feroz haciéndoles competir entre ellos para que aprendieran a salir victoriosos de cualquier situación. A la par, costeaba sin timidez un soberbio estilo de vida gracias a sus inversiones en las industrias metalúrgica, cinematográfica e inmobiliaria. Compensaba cualquier descalabro económico con la importación de *whiskey*, ginebra y *cham-*

pagne, lo cual suponía contrabando en los años de la *Ley Seca* (1920-1933). Abandonó los negocios en el momento adecuado para emprender una fructífera carrera política que culminó con su nombramiento como embajador de los EEUU en Londres. "El último refugio de un sinvergüenza es la política", escribió de él Kenneth Anger en Hollywood Babylon. Adoctrinó a su primogénito Joseph Patrick Kennedy Jr. para que fuese el primer presidente católico de la república norteamericana, pero su empeño fracasó cuando un inesperado accidente de avión acabó con su vida en 1944. Infatigable, Joseph Patrick Kennedy Sr. concentró todos sus esfuerzos para que su siguiente hijo, John Fitzgerald, fuese el primer católico de la historia en ocupar la Casa Blanca. "¡A por ello!", solía exclamar *Joe* Kennedy a modo de mantra.

En la campaña a la presidencia de 1960, el joven y atractivo senador de Massachusetts se impuso a su rival porque era telegénico y conocía mejor el nuevo medio televisivo que su poco apuesto oponente: el republicano Richard Nixon. El patriarca Kennedy impulsó acuerdos entre todas las mafias para conseguir aunar votos a favor de JFK. Los sindicatos de trabajadores de todos los gremios, especialmente construcción, puertos marítimos y policía, pertenecían a los irlandeses, que percibieron incontables ventajas en apoyar al primer candidato irlandés-americano. Frank Sinatra intermedió con los italianos, ya que también eran católicos. La población afroamericana se adhirió gracias al liderazgo de Sammy Davis Jr., lo que supuso una tregua en la dramática historia de rivalidad entre los dos colectivos que constituían mano de obra barata para un capitalismo voraz. En todo caso, cuando JKF accedió a la presidencia, Sammy Davis Jr. no pudo siquiera asistir a la celebración por ser negro. Kennedy no logró avanzar mucho en lo referente a los derechos sociales, tal y como había acordado. No fue la única promesa incumplida.

Los derechos civiles constituyeron una pesadilla para la Administración del mandatario católico, quien aseguró no mezclaría lo religioso con lo político. Al poco de jurar la Presidencia de la democracia más poderosa del mundo, se formaron entre mayo y septiembre de 1961 los *Freedom Riders* (los pasajeros o viajeros de la libertad) Era obvia la necesidad de rotundos cambios en torno a la población afroamericana. Kennedy envió la Guardia Nacional para proteger sus derechos, prohibiendo la segregación en los establecimientos de viajes, incluidas las salas de espera, los aseos y las cantinas de estación. Otros derechos básicos no llegarían hasta después de su asesinato, implementados por su sucesor, Lyndon B. Johnson.

Con respecto a su política exterior, tampoco fue muy afortunada. Envió más operativos a Vietnam del Sur, donde veinte días antes de su asesinato la CIA incitó un golpe de estado en el que murió el Presidente de la república, Ngo

Dim Diem, también católico. En cuanto a Cuba, que antes de Fidel Castro estaba bajo el control de la la mafia del juego, con intereses repartidos entre irlandeses e italianos, sus resoluciones no hicieron más que empeorar el conflicto. Poco antes de que en agosto de 1961 el Muro de Berlín dividiera Europa, Kennedy autorizó la invasión de la Bahía de los Cochinos, que acabó siendo abortada por Castro. A ello le sucedieron meses de sabotajes vinculados a la Operación Mangosta, que desembocó en la Crisis de los Misiles entre el 16 y el 28 de octubre de 1962. La Guerra Fría estuvo a un paso de desembocar en una confrontación nuclear, provocando un momento de muy alta tensión cuyo estudio no puede cubrirse en tan solo un párrafo. El primer secretario del partido comunista de la URSS, Nikita Khrushchev, finalmente se reunió con Kennedy en Berlín, iniciando con ello la fase conocida como Distensión. El 10 de octubre de 1963, apenas cuatro semanas antes de que John Fitzgerald cruzara Texas en un descapotable azul *medianoche*, EEUU y la URSS firmaron el "Tratado de prohibición parcial de ensayos nucleares en la atmósfera, en el espacio exterior y bajo el agua".

La administración Kennedy también se caracterizó por su interés en ganar la carrera espacial, siendo el primer país del mundo en poner los pies en la luna el 20 de julio de 1969. Dicen los rumores que el presunto alunizaje fue filmado en un estudio por Stanley Kubrick, aprovechando los sets de *2001, una odisea en el espacio*, de la que se hablará más adelante.

Con el fin de asentar su carrera política, el prometedor senador de Massachusetts se casó con Jacqueline Bouvier el 12 de septiembre de 1953, sin que ello detuviese su conocida sed de aventuras. Jacqueline Kennedy toleró las infidelidades con estoicismo católico, mientras que su suegro comandaba equipos de limpieza de imagen desde la sombra. La primera dama hubo de atravesar dos devastadores abortos naturales. Por fin en 1957, tuvo a Caroline, y en 1960, quince días después de mudarse al edificio presidencial, daba a luz a John Fitzgerald Kennedy Jr. En agosto de 1963 le sucedería Patrick, que apenas sobrevivió un día.

Aunque encarnara fieramente el papel de esposa incondicional y dedicada madre, su ausencia en la gala para recolectar fondos para el Partido Democrático en *Madison Square Garden* fue significativa. Marilyn Monroe, en cambio, sí asistió aquel 19 de mayo de 1962, cantándole el famoso "Feliz cumpleaños", aunque el presidente no cumpliría los 45 hasta diez días después. Ese mismo verano, el 4 de agosto, se encontraría a la actriz muerta en su casa de Bretwood, Los Angeles, con tan solo treinta y seis años.

Jacqueline Kennedy Onassis sigue siendo considerada la primera dama más glamorosa de la historia. Su presencia en la Casa Blanca conformaba la nueva realeza norteamericana, ensalzando su gloria gracias a la cuidada proyección de su imagen en tabloides, cine y televisión. Ella y su apuesto marido constituían, verdaderamente, *una pareja rica y atractiva*, justo lo que Levin pretende representar en sus personajes. Jacques Lowe fue uno de los fotógrafos responsables de crear la carismática imagen de esta nueva "familia real" con pretensiones artúricas. El mismísimo Frank Sinatra se postraba a los pies de Jacqueline denominándola *La Reina de América*.

Sin lugar a dudas, la entereza de la viuda Kennedy aquel funesto 22 de noviembre de 1963 es recordada como legendaria. A bordo del *Air Force One*, asistió a la jura de Lyndon B. Johnson con la sangre de su marido sobre su Chanel rosa, y ni por un instante abandonó sus restos mortales. Sin ceder a la presión política, organizó uno de los funerales más majestuosos de la Historia, garantizando con ello que la administración de John Fitzgerald se equiparara *por siempre* con Camelot. Puede que el símil hubiese sido ya utilizado por Joe Kennedy cuando se codeó con los Windsor siendo embajador en Londres entre 1938 y 1940. El utópico reino se puso de moda gracias a la versión cinematográfica del musical de Broadway que, con el mismo nombre y guión basado en las novelas de T.H. White, fue estrenado en 1960. En la mencionada entrevista de *Life*, Jacqueline aseguraba que ella y John Fitzgerald solían irse a la cama después de escuchar uno de sus temas favoritos:

No dejes que se olvide
que una vez hubo un lugar
que por un breve y luminoso momento
fue conocido como Camelot.

Camelot, en todo caso, no es el único símil literario que ulula en torno a la persona de John F. Kennedy: en el hermético texto *King Kill 33*, el historiador ocultista James Shelby Downard lo equipara con *Macbeth*. En esta obra de Shakespeare, un rey es asesinado por una conjura de brujas para renovar el trono del rey de Escocia. J.S. Downard interpreta la muerte de Kennedy como el mítico *pharmakos*, el sacrificio humano por el cual la vida se renueva. En este texto de hermética intensidad se decodifican hechos difíciles de corroborar. Gore Vidal destacaba que todo el clan Kennedy era dado a considerar *hechos* a lo que solo eran *ilusiones*. Downard recuerda que la finalidad de esas *ilusiones* era la de producir un compacto entramado de mentiras muy creíbles con el fin de controlar la mente del soñante. Si solo tenemos en cuenta la composición de los sueños de Rosemary, los Kennedy triunfaron.

Más allá de crípticas teorías conspiratorias, hay detalles que llaman la atención a cualquier ojo crítico: en ningún momento se acordonó Dealey Plaza para proteger la escena de uno de los crímenes más espectaculares de la historia contemporánea. En la actualidad, paradójicamente, una equis marca el lugar exacto en el que se hizo estallar el cerebro de JFK, que, por cierto, desapareció de los Archivos Nacionales en 1966, y sigue en paradero desconocido.

También resulta controvertido que no exista acuerdo en cuanto al número de balas que cruzaron Elm Street, que junto con Main Street y Commerce Street, conforma lo que más que una plaza se asemeja a un tridente. En septiembre de 1964, el *Informe Warren* concluyó asegurando que sólo se disparó una bala y que Lee Harvey Oswald fue el único perpetrador. A medida que los 60 fueron acumulando asesinatos, (Malcom X (1965), Martin Luther King Jr. (1968) y Robert F. Kennedy (1968)), se fueron creando sucesivas comisiones para esclarecer si Oswald y Ruby habían actuado "solos", tal y como afirmaba el *Informe Warren*, que tanta suspicacia provocaba en el señor Castevet. "¿Cree usted que hubo alguna conjura?", le pregunta a Guy.

La *Comisión Warren* fue creada por Lyndon B. Johnson, quien se mantuvo como Presidente hasta 1969, siendo derrotado en los comicios por el republicano Richard Nixon. Las siguientes comisiones creadas por la administración norteamericana para dilucidar lo acaecido en Texas el 22 de noviembre de 1963 se tornaron más complejas con el fin de esclarecer: 1) qué tipo de información había proporcionado John Edgar Hoover, director del FBI de 1924 hasta 1972, 2) si la CIA reveló todos los datos existentes, y 3) si los datos proporcionados por la CIA eran verdaderos.

En 1975, la *Comisión Rockefeller* investigó la presencia de operativos de la CIA como E. Howard Hunt y Frank Sturgis, (más tarde involucrados en el *Watergate*). Le siguió la Comisión Church, en la que tanto el FBI como la CIA reconocieron que habían ocultado cierta información a la comisión Warren, confirmando además la existencia de *MK Ultra* y otros programas similares. En 1976 se crea el *House Select Committee on Assassinations* para considerar si además de Oswald pudo haber otros agentes involucrados, y para revisar los asesinatos de Robert F. Kennedy y Martin Luther King Jr.

En 1991, la película *JFK* de Oliver Stone creó tal revuelo en la opinión pública que el Congreso aprobó la *JFK Records Act* por la que se creaba *un solo archivo* con toda la documentación referente al asesinato en la plaza-tridente. En 2017, el presidente Donald Trump declaró que no impediría la publicación de tales documentos, pero en 2018 lo retrasó hasta octubre de 2021. El presidente Joe Biden justificó el retraso por la pandemia de COVID-19, y en 2022 se publicó un primer grupo de documentos. El segundo grupo salió a la luz pública en 2023. El total de documentos publicados en la actualidad con referencia a lo sucedido constituye un 99% del total de la documentación existente.

Ante toda esta información (y contra-información y anti-información), lo sorprendente es que la ciudadanía norteamericana siga sintiendo miedo con la novela de Levin o la posterior adaptación cinematográfica de Polanski.

No fue enteramente un sueño, algo ocurrió

Ira Levin nació en Nueva York en 1929, hijo de un comerciante importador de juguetes. De pequeño sentía fascinación por los juegos de magia, por lo que frecuentaba las tiendas que vendían material para magos profesionales. Su pasión por la prestidigitación acabó derivando en una ferviente devoción por el teatro, que hizo que este "buen muchacho judío" se graduara en filosofía e inglés en la New York University, para escribir guiones de cine, radio y televisión. Su primera producción, *No time for Sergeants*, trataba sobre un paleto en la fuerza aérea de los EEUU. La obra de teatro se adaptó al cine y a la televisión. En 1953, publicó *A kiss before Dying*, y obtuvo con ella el Premio Edgar a la mejor novela novel. Se adaptó al cine en 1956 y en 1991. Con *Rosemary's Baby*, publicada en 1967, y con otras novelas posteriores, seguiría una fórmula similar: vender los derechos para que se hicieran películas y no involucrarse más, ya que la industria cinematográfica no le interesaba en absoluto.

En el caso de *La semilla del diablo*, William Castle compró los derechos antes de que la novela fuese publicada por *Random House* en marzo de 1967. Levin admitió en numerosas entrevistas que tuvo suerte con Polanski porque respetó la idea original del libro. Sin embargo con la versión cinematográfica de *Las poseídas de Stepford* en 1975 no tuvo igual fortuna. *Los niños de Brasil* también fue adaptada al cine en 1978. Reconociendo su contribución al género de terror, Ira Levin recibió el *Life Achievement Award* de la *Horror Writer's Association* en 1996.

Levin se declaraba judío ateo. En 2002 declaró: "Me siento culpable porque *La semilla del diablo* abrió camino a películas como *El exorcista* (1971), *La Profecía* (1976) y *Carrie* (1974). Se ha corrompido a toda una generación que ahora cree en Satán. Yo no creo en Satán. Por supuesto, nunca devolví mis derechos de autor." Tal y como se analiza en el anterior capítulo, el primer fundamentalismo que existió fue el católico, cuya intolerancia y escándalos causaron todo tipo de reacciones.

Es difícil encontrar entrevistas y textos del autor porque siempre fue muy celoso de su privacidad. En *The Author speaks: Selected PW interviews, 1967-1976* (New York, Bowker, 1977), se escribe sobre él: "La mefistotélica barba de Ira Levin es anterior a la publicación de su novela de demonología moderna *Rosemary's Baby*". También se descubre que a Levin se le ocurrió escribir sobre un feto antinatural en un encuentro de la *Cycle Society* que debatía el significado de sucesos cíclicos en el clima, el mercado de valores, etc...

Con el fin de recrear la historia con realismo, Levin acumuló una pila de periódicos desde octubre de 1965 hasta agosto de 1966. Como ya se ha mencionado, quería que el niño de Rosemary naciera en el solsticio de verano, como antítesis de la Navidad, para representar al Anticristo. Cuando contó hacia atrás con el fin de calcular la fecha de la concepción, descubrió sorprendido que la noche del rapto onírico coincidía con la visita del papa Pablo VI a Nueva York. El contraste entre la visita del pontífice y lo que le sucedió a Rosemary le pareció que realzaba aún más el drama.

Rosemary's Baby ha vendido millones de copias en todo el mundo, siendo traducida a todos los idiomas excepto el ruso y el chino. Todos los países respetaron el título original excepto España, donde se reemplazó por *La semilla del diablo*. Fue el catalizador del *Horror Boom*, poniendo de moda el género de terror. Consideró convertir al bebé en un "alien", pero se decidió finalmente por un ser demoníaco porque quería desarrollar una fuerza maligna que no se viera, pero que estuviera muy presente. Para su ficticio *All Them Witches*, *Todos ellos brujos*, se inspiró en *La brujería en la actualidad*, de Gerald Gardner, adalid de la *Wicca* en la primera mitad del siglo XX.

La semilla del diablo supone una actualización del pacto mefistofélico, siendo también ilustración de "la mujer asaltada por un íncubo". Íncubos y súcubos son demonios masculinos y femeninos que buscan tener relaciones sexuales con los durmientes. En latín, *incubus* significa "pesadilla producida por un demonio", y parece una derivación de incubo, "lo que se posa cuando dormimos", e incubare, "romper el cascarón". El más temprano recuento de un *íncubus* aparece en el soberbio poema épico de *Gilgamesh*, de origen sumerio, en el que el padre del héroe resulta ser un *Lilu* (íncubo). El Mago Merlín también aparece como hijo de un íncubo en algunas fuentes.

En la literatura española el fenómeno fue descrito por el canónigo del S. XVII Gaspar Navarro en su *Tribunal de Superstición Ladina*. Escribió de una joven muy devota a la que se le apareció el demonio disfrazado de ángel de luz, el cual la persuadió para concebir otro Cristo redentor. La muchacha consintió en tener relaciones sexuales, por lo cual se preñó. Cuando le vinieron dolores "más de muerte que de parto, dio finalmente a luz a un montón de gusanos vellosos, de horrible figura y espantoso hedor, no quedando duda de que su padre era el Señor de los Engaños."

No es de extrañar que la iglesia católica condenase la novela por blasfema y sacrílega. Si bien es cierto que hace mofa de rituales católicos, también lo es que numerosos templos cristianos fueron erigidos sobre lugares de devoción pagana, y que gran parte de los rituales católicos pueden entenderse como deformación y mofa de sagrados ritos ancestrales. En cuanto a la inversión simbólica para producir el efecto sacrílego, Levin reconoció tal propósito, como ya se ha visto líneas arriba. Su *Sabbat* mantiene similitudes con lo descrito por J.K. Huysmans en *Allá abajo* y Jules Michelet en *Satanismo y brujería*. En cualquier caso, tal y como admite Henry T.F. Rhodes en *La misa satánica*, "cada *misa negra* es reflejo de distintas variaciones en las actitudes teológicas, sociológicas y psicológicas de cada cultura".

En cualquier caso, el autor norteamericano recibió numerosas cartas donde le preguntaba por los aquelarres de la zona. En su página *web* se puede leer la exótica carta de un esbirro del Conde Drácula, agradeciéndole la graciosa mención de su biógrafo, Abraham (Bram) Stoker, para nombrar el infame edificio que sería cuna del hijo de Satán. También menciona que Levin hubo de escribir a la revista *Time* para subsanar un error en la reseña de la película. En la página diez de la edición del 28 de junio de 1968, se puede encontrar la siguiente nota de Levin: "Estimado Señor: me manifiesto encantado con su excelente crítica de la versión cinematográfica de mi libro, *Rosemary's Baby* (Junio 21), y a la vez disgustado por referirse al bloque de apartamentos como el *Branford*, en lugar de *Bramford*, nombre que elegí en memoria del escritor Bram Stoker. Tiemblo de terror solo de pensar que esto pueda haber ofendido a "su" bebé, que está vivo, y ya sabemos quién es: Drácula."

La semilla del diablo está dedicada a su primera mujer, Gabrielle, embarazada mientras él escribía tan espantosa historia. Vivían en Connecticut, en un edificio con una lavandería similar a la descrita en el libro. "No permitía que mi mujer bajase sola allí", dijo el escritor. Tampoco le dejaba leer sus notas. Experimentó de primera mano los primeros cuatro meses de embarazo, con la bestial metamorfosis de embrión a feto, y el descomunal desarrollo de miembros, órganos, huesos y músculos. En el caso de Rosemary, se añadirían pezuñitas y cuernos.

La novela está dividida en tres partes: las dos primeras con diez capítulos, y la última con dos. La primera parte concluye con Rosemary embarazada poniéndose su amuleto de plata y Tanis. La segunda concluye el 6 del 66, con el parto asistido de Rosemary en el 7E del Dakota. La tercera se cierra con un fervoroso satanista japonés disparando con su cámara a Rosemary, quien mece a "Andy-Candy" en su cuna de tafetán negro y crucifijo invertido.

Cuando la novela se tradujo al español, no sólo no respetó el título, como ya se ha mencionado, sino que obvió esta distribución, y censuró además los diálogos incluidos en el ANEXO I de este libro. La traducción del título *La semilla del diablo* es inexacta, especialmente cuando se refiere a la película de Polanski, ya que él eliminó intencionadamente cualquier signo inequívoco de existencia teísta de uno u otro color.

Premios Stoker 1996. Primera fila, de izquierda a derecha, Elaine Koster (por Stephen King), Forrest J Ackerman, Ira Levin, and P.D. Cacek. Última fila, de izquierda a derecha, Herman Graf (por Thomas Ligotti), Owl Goingback, y Lawrence Watt-Evans.

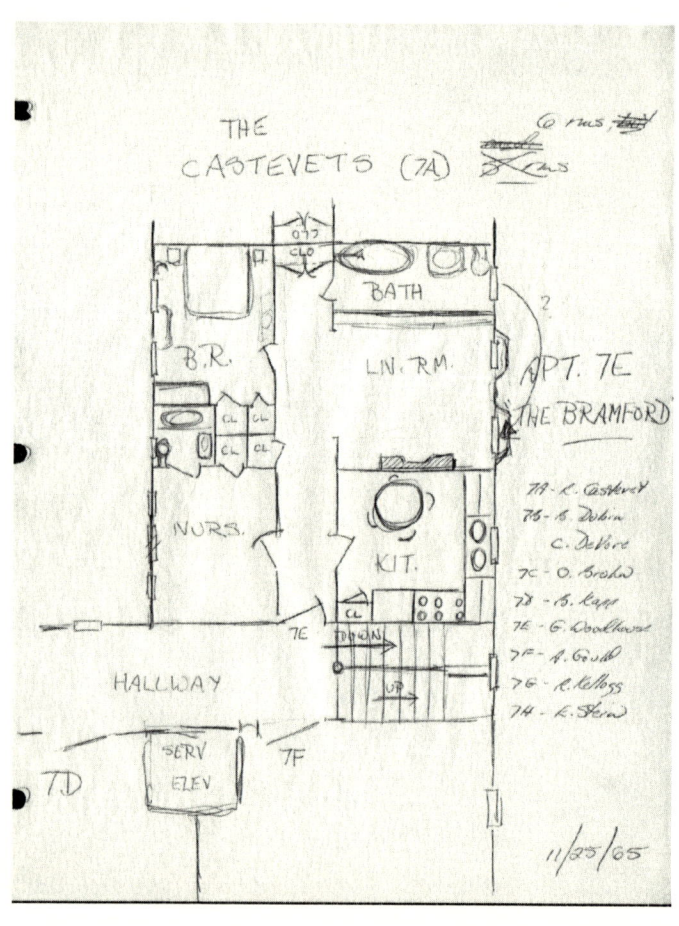

Dibujo del apartamento 7E del *Bramford* realizado por Ira Levin.

30

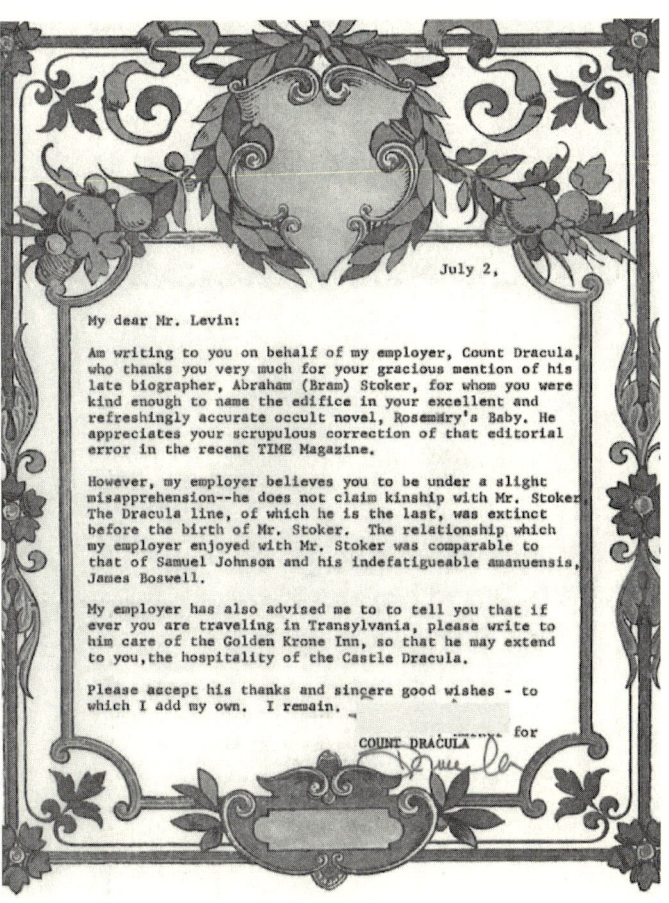

July 2,

My dear Mr. Levin:

Am writing to you on behalf of my employer, Count Dracula, who thanks you very much for your gracious mention of his late biographer, Abraham (Bram) Stoker, for whom you were kind enough to name the edifice in your excellent and refreshingly accurate occult novel, Rosemary's Baby. He appreciates your scrupulous correction of that editorial error in the recent TIME Magazine.

However, my employer believes you to be under a slight misapprehension--he does not claim kinship with Mr. Stoker. The Dracula line, of which he is the last, was extinct before the birth of Mr. Stoker. The relationship which my employer enjoyed with Mr. Stoker was comparable to that of Samuel Johnson and his indefatigueable amanuensis, James Boswell.

My employer has also advised me to to tell you that if ever you are traveling in Transylvania, please write to him care of the Golden Krone Inn, so that he may extend to you, the hospitality of the Castle Dracula.

Please accept his thanks and sincere good wishes - to which I add my own. I remain.

for

COUNT DRACULA

Carta de Drácula a Ira Levin. 1967.

31

Dealey Plaza. Dallas. Texas.

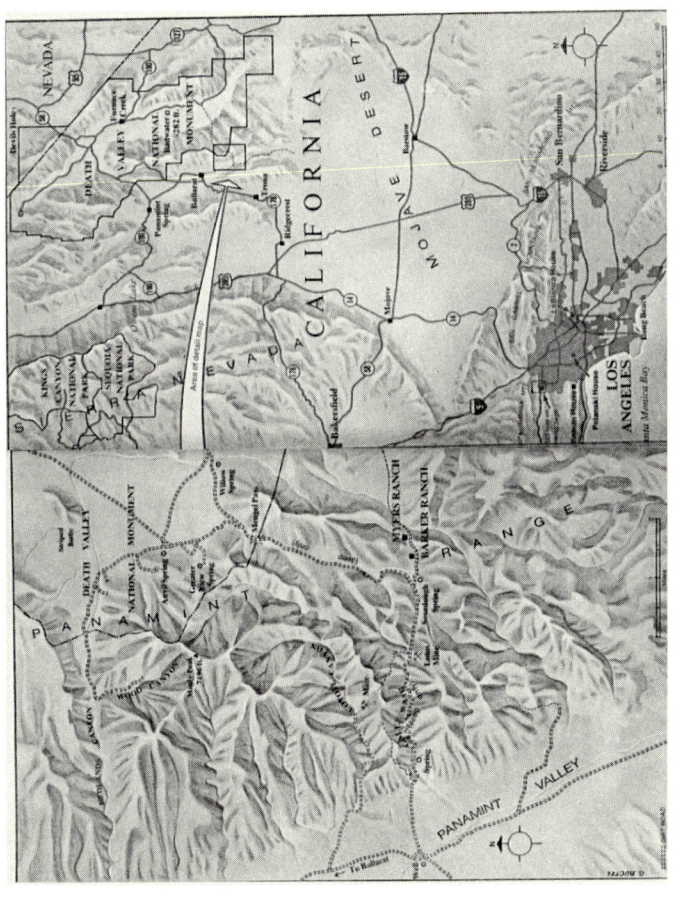

Mapa del Valle de la Muerte, Los Ángeles.

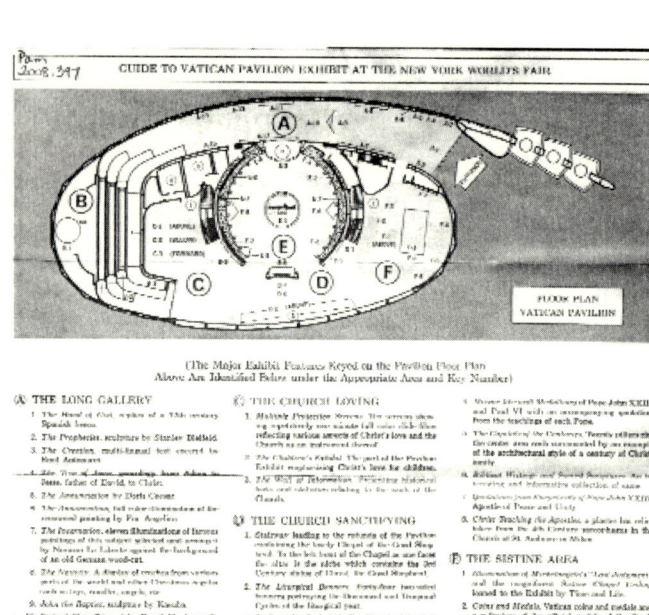

Plano del Pabellón del Vaticano
en la Feria del Mundo de Nueva York en 1965.

34

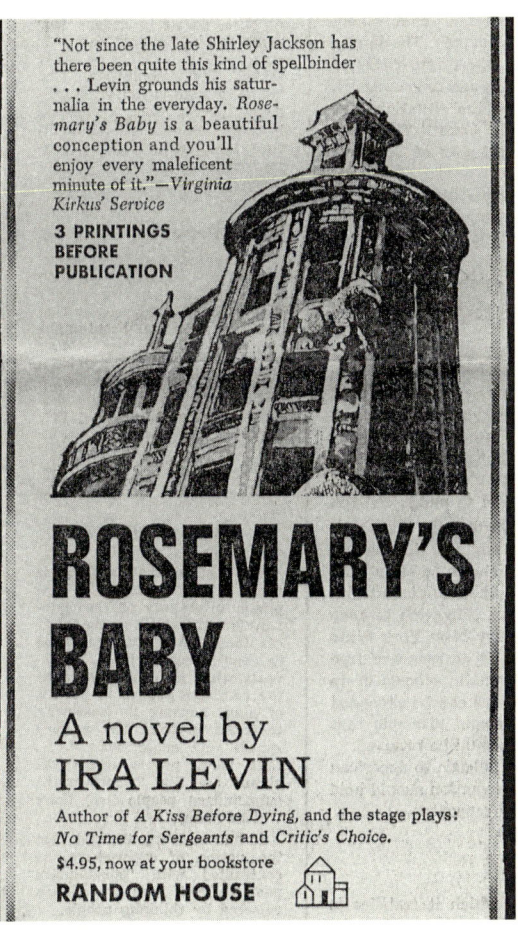

Publicidad de la novela *La semilla del Diablo*. 1967.

En cuanto al estilo, el punto de vista se centra en Rosemary, cuya percepción de "no iniciada" causa un espanto atroz por su vulnerabilidad e inocencia. La maestría de esta narración consiste en revelar lo perturbador en base a ausencias significativas. Levin ejecuta el arte de contar "mediante lo no contado". Un buen ejemplo es la escena en la que Rosemary está con Minnie lavando los platos, y al mirar hacia el salón donde están Roman y Guy, solo ve un hilo de humo flotando en el aire. El lector iniciado intuye un mefistofélico tufillo. Rosemary, en cambio, no deduce nada, al igual que cuando advierte olor a Tanis en su habitación, tras volver del espectáculo de *The Fantasticks*, que sí induce al lector avezado a confirmar la iniciación de Guy. Aun así, con singular intuición, Rosemary recolecta este tipo de "ausencias narrativas" para atar cabos cuando su ejercicio lúdico-gemátrico, el *Scrabble*, le sugiere peligro. Solo entonces alinea su percepción de acuerdo con esa oculta dimensión de lo real, identificando uno por uno a los miembros del aquelarre. Comienza por Guy, su marido, el perfecto aprendiz del Príncipe de las Tinieblas, un mentiroso eficaz que se mofa de todo. Mientras que al principio de la novela Rosemary admiraba esa cualidad en él, al final le escupirá por ello.

Rosemary siempre es consciente de que los demás saben algo que ella desconoce, como en Nochevieja, cuando todos brindan por "¡1966, *el Año Uno*!", e inocentemente deduce que "se le ha debido escapar una referencia política o literaria". ¿A quién se le ocurriría primero proclamar 1966 como *Año Uno*, a Ira Levin o a Anton S. Lavey? Efectivamente, el fundador de *La Iglesia de Satán* se afeitó la cabeza en la Noche de Walpurgis de 1966, declarándolo *Anno Satanas*, inicio de la Era de Satán. Es indudable que en ese año algo se hizo palpable para muchos: durante el solsticio de verano, coincidiendo con el nacimiento del ficticio bebé de Rosemary, Robert Cochrane, fundador del británico *Clan de Tubal Cain*, se sintió inspirado a cometer un ritual que le causó la muerte días después. (En honor a él, Doreen Valiente escribió su *Elegy for a Dead Witch*) También el 25 del 6 del 66, los miembros de la *Iglesia del Proceso del Juicio Final* se dirigieron a las Bahamas en un viaje iniciático que concluyó con la realización de un trabajo mágico, *Xtul* (Final), en una pequeña localidad de la península del Yucatán. Allí les aconteció, casualmente, un *tifón*.

Quien en principio parece presa fácil de un complot diabólico, acaba llevando el juego a su terreno y ganando la partida. Sus predadores no lo saben, pero Ro es una perceptora sutil y una soñadora lúcida avanzada. Desde el comienzo va detectando todo lo que le parece disonante y bizarro: al solícito señor Micklas le faltan dedos en ambas manos, detalle que apenas se aprecia en la película de Polanski. Advierte la alacena-umbral escondida tras el mueble, y le sorprende la marca de cuadros ausentes sobre

37

las paredes de los Castevets. En la escena final se verá un óleo con la catedral de San Patricio ardiendo el 6 de octubre de 1866, y un grupo de bacantes bailando en círculo, que en la versión cinematográfica se tornó *El conjuro* de Francisco de Goya.

Paralelamente, los sueños de Rosemary reproducen en su integridad lo grotesco de "lo brujo", tal y como se aprecia en los cuentos. Puede definirse como monstruosa la imagen onírica que Rosemary produce al recordar a la hermana Agnes lanzando una reprimenda con el "áspero acento de medio Oeste" característico de Minnie. Este sueño sucede en la noche en la que Terry ha saltado por la ventana suicidándose. Por eso en el sueño la hermana Agnes acucia a que se tapien las ventanas, ya que el suicidio constituye pecado en la doctrina católica.

El siguiente suceso onírico de Rosemary merecería un volumen por sí solo, ya que se erige como el más eficaz recuento del estado en duermevela o anhelado soñar lúcido de los brujos. Se revela aquí el espíritu de la época: John F. Kennedy "se ha recuperado" de su asesinato, y capitanea uno de sus famosos yates, el *Honey Fitz*. Aparece vestido de capitán, tal y como se le vio en televisión cuando visitó el *USNS Observation Island* el 16 de noviembre de 1963, seis días antes de su viaje a Texas. La señora Kennedy está con Pat Lawford (la Kennedy casada con el actor Peter Lawford, que introdujo a Marilyn en el círculo) y Sarah Churchill.

En la versión de Polanski, la presencia de los Kennedy puede no ser obvia para los espectadores porque se utilizaron dobles de la pareja presidencial. En España, por ejemplo, no hemos sufrido un sistemático torpedeo de imágenes como para que de inmediato identifiquemos sus avatares. En los párrafos escritos por Levin, sin embargo, la inequívoca mención de sus nombres crea en la mente del lector una imagen fiel. Levin es tan explícito que incluso viste a la primera dama con el Givenchy que lució en 1961 en su visita a Versalles.

Lo mismo sucede con la persona del papa, quien concluye el sueño "saliendo apresuradamente para tomar el avión" tras catorce horas en Nueva York. Ya se ha mencionado que, tras su charla en la ONU y su misa en el *Yankee Stadium*, Pablo VI fue a inaugurar el pabellón de la Santa Sede en la Feria Mundial de Nueva York, donde se encontraba una representación a escala real de la Capilla Sixtina, también presente en el sueño de Rosemary.

Otra presencia esencial en este fascinante suceso onírico es Hutch, quien cargando con equipo meteorológico, predice un *tifón*. Habiendo ejercido como honestísimo *Pigmalion* para Rosemary, procuró que su querida discípula no se mudara al *Bramford* aludiendo a ineludibles signos de lo maldito. Cuenta que el propio Adrian Marcato había sido atacado en la entrada, lo cual lamentablemente recuerda el posterior asesinato en 1980 del músico John Lennon a la puerta del Dakota, quizá por motivos políticos. Hutch concluía "que no se ha de culpar a la alarma de incendios por avisar de fuego, o a la oficina meteorológica por la llegada de un *tifón*". Polanski no incluyó esta conversación en su guión, por lo que no actúa de referencia. Este breve pero intenso anuncio de su advenimiento adquiere una fuerza ominosa gracias a la edición de Sam O'Steen, extraordinario profesional de la *Paramount*, que trabajó con Polanski para llegar al corte final.

¿Sería *casual* la mención de *Tifón* por parte de Levin? Una lectura iniciada remitiría a la monstruosa serpiente que quiso arrebatar la supremacía a Zeus en la mitología griega, y que también consta en textos babilónicos con diferentes nombres. Se le encuentra además en la mitología egipcia, equiparado a *Set*, dios del caos y de las tormentas. El mago telémico Kenneth Grant eligió su nombre como título de su obra más importante, *Typhonian Trilogy*, cuyo primer volumen, *The Magical Revival*, se publicó en 1972. El propio Grant favoreció la creación de la *Typhonian Order*, haciéndola derivar de la *Ordo Templi Orientis* fundada por Aleister Crowley. Teniendo en cuenta lo considerado en este ensayo, parece que *Tifón* sí se manifestó ante tan abundantes invocaciones.

Después de esta intensa experiencia onírica, el lector ya no duda de que a lo monstruoso se le añade que *lo monstruoso* está siendo narrado por una mirada inocente. Es admirable la destreza de Levin a la hora de contar justo lo contrario de lo que sus palabras dicen. Por ejemplo, cuando Rosemary acude por primera vez a la consulta del Dr. Sapirstein cree reconocerlo por haberle visto en alguna revista, olvidando su presencia en su noche con Satán. Meses más tarde, el olor a Tanis confirma que el venerable doctor es otro de los miembros del aquelarre, y entonces recuerda que era él quien sostenía el cuenco con la sangre con la que el señor Castevet trazaba signos mágicos sobre su piel.

La inesperada capacidad de Ro de alinear la realidad con "lo otro" acaba transformándola en la taumaturga que atraviesa el caos, devolviendo lo excepcional al confinamiento de lo normal de la manera más inesperada. Tal y como Stephen King resalta en un debate con Ira Levin, George Romero y Peter Straub en *The Dick Cavett Show*, "el lector pasa de temer que el bebé vaya a ser sacrificado a querer tirarlo por la ventana". Rosemary llega a considerarlo, pero se le despierta en la piel el íntimo diálogo que a lo largo de nueve meses ha mantenido con su bebé, a quien iba cambiando de nombres con sonoridad irlandesa. Estima que la naturaleza demoníaca de la criatura "no es asunto suyo, sino de la iglesia". Determina que su nombre es Andrew, no Adrian, y arrullándole se erige en madre del hijo de Satán. Ro ejecuta con éxito el devenir aquello que nos espanta.

Como parte esencial de la contextualización de esta novela, merece la pena nombrar la curiosa colección de libros que aparecen en ella, la mayor parte por ser lectura de Rosemary. El señor Castevet menciona un libro que criticaba el *Informe Warren*. Puesto que el comentario se realizó antes del 4 de octubre de 1965, tuvo que ser *Whitewash: The Report on the Warren Report*, de Harold Weisberg, que al ser rechazado por todas las editoriales estadounidenses, decidió autopublicarlo. Ya en 1966 apareció otro libro crítico, *Rush to Judgement, A Critique of the Warren Commission's Inquiry into the Murders of President John F. Kennedy, Officer J.D. Tippit and Lee Harvey Oswald*, escrito por el abogado Mark Lane.

Manchild in the Promise Land es una novela autobiográfica escrita por Claude Brown en 1965. Publicada en lo más tórrido de las luchas civiles norteamericanas, *Vanity Fair* considera que sigue retratando la realidad de los afroamericanos hoy en día. *The Decline and Fall of the Román Empire* es una obra de seis volúmenes escrita por el historiador inglés Edward Gibbon. Rosemary pudo haber leído la edición de 1965 a cargo de *Modern Library*, que lo comprimió en tres volúmenes.

Summerhill, del pedagogo escocés A.S. Neill, se puso de moda en los 60 por abordar la educación con tintes progresivos. *El vuelo del halcón*, de Daphne du Marier, publicado en 1965, presenta una protagonista que, al igual que

Rosemary, ha de atravesar numerosos requiebros en su andadura vital. Los dos volúmenes de *Los informes Kinsey* aparecen cuando Guy pone sobre ellos el ficticio *All Them Witches*. Son un estudio sobre la sexualidad del hombre y de la mujer escritos por Alfred Kinsey y publicados en 1948 y 1953 respectivamente. Curiosamente este controvertido investigador visitó la Abadía de Thelema en Sicilia en 1955 acompañado por el cineasta ocultista Kenneth Anger, a quien se volverá a nombrar en el último capítulo.

La revista *Time* del 8 de abril 1966, (tres semanas antes de que Anton Lavey se afeitase la cabeza y fundara su iglesia), se preguntaba en su portada "*Is God Dead?*", y aparece en la sala de espera de la consulta del Dr. Sapirstein. Reflejaba el debate de un movimiento de teólogos americanos del momento que se preguntaban por la relevancia de la existencia de Dios para el mundo moderno. La frase hace mención a una cita de Nietzsche en *La Gaya Ciencia* de 1882. John T. Elson, editor de temas religiosos de la revista, mencionaba en su introducción a Thomas J.J. Altizer, el teólogo norteamericano de moda en ese momento. Tal y como se aprecia en la fiesta "de jóvenes" de Rosemary, sus tesis eran bastante populares, considerándose la muerte de dios "un hecho histórico". Es en esa misma fiesta en la que a Rosemary se la dota con un funesto título: *Miss Campo de Concentración 1966*. Polanski, por razones obvias, decidió no incluir el comentario en su guión cinematográfico.

Por último, el ficticio *All of Them Witches*, de J.R. Hanslet, publicado en 1933 por J. Wagborn & Son, Booksellers, es uno de los libros inexistentes más buscados de la historia. En rigor, existirían dos "ediciones": la descrita por Levin, y la recreada por el equipo de producción de Roman Polanski para la versión cinematográfica, de la que se hablará en el siguiente capítulo. En ambos casos, Hutch lo adquirió en Torquay, Cornwall, en 1934. En la versión de Levin aparecen reseñados un grupo un tanto arbitrario de brujos: Gilles de Rais (1404-1440), Jane Wenham (?-1712), Aleister Crowley (1875-1947) y Thomas Weir (1599-1670). Todos ellos personajes reales excepto el ficticio Steven Marcato, supuestamente nacido en Glasgow en 1846 y muerto en la isla de Corfú en 1922, después de viajar por todo el mundo con su hijo Adrian. Se incluye Madrid entre los destinos citados, y uno ya no puede visitar el Ángel Caído del Parque del Retiro sin sentir la ficticia presencia de los estrambóticos Castevet en su glorieta.

También merecen recogerse los distintos anagramas que Rosemary extrae de *All of Them Witches* (y cuyo encanto se pierde si se efectúa el anagrama en español): *Comes with the Fall,* (llega con el otoño), *How is hell fact met* (Cómo se encuentra el hecho infierno), *Who shall meet it* (Quién lo conocerá), *We that chose ill* (Nosotros los que elegimos mal), *If he shall come* (Si él vendrá), *Elf shot lame witch,* (elfo dispara a bruja lisiada).

En cuanto a los actores que el señor Castevet afirma haber conocido en el ejercicio de su enigmática profesión, son todos reales: Minnie Maddern Fiske, (Nueva Orleans, 1865-Nueva York, 1932), actriz que defendió los derechos de la creación teatral; Sir Johnston Forbes-Robertson (Londres, 1853-Dover, 1937), al que se le recuerda por su atronadora voz; Otis Skinner (Cambridge, 1858-Nueva York, 1942), y la muy popular Helena Modjeska (Cracovia, 1840-Newport Beach, 1909).

Parece indudable que lo que los Castevets procuran con los Woodhouse es una ritual de entrega del testigo a una generación más joven, identificada como *la del silencio*. Después de ellos, llegaron los *Hippies*, los *Flower Children*. Encarnaron tal revolución que literalmente no dejaron títere con cabeza.

La maestría de filmar lo equívoco

La vida de Roman Polanski cuenta con tales requiebros que casi diríamos parece un personaje más de sus películas, o quizá sus películas sean reflejo de sus giros vitales. Más allá de consideraciones biográficas, su obra es expresión de una maestría incuestionable. Me declaro en disconformidad con esta cultura que le cancela: no es coherente, y quizá se deba a dictados diferentes a lo que se revela.

Para comenzar: Rajmund Roman Thierry Polanski nació el 18 de agosto de 1933 en París, Francia. La decisión de su padre de volver a su Polonia natal en 1937 probó ser fatal, ya que dos años después estallaba la II Guerra Mundial y el país era ocupado por los alemanes. Tenía 12 años cuando su padre le dijo que su madre ya no volvería, habiendo sido ejecutada en Auschwitz. Tras presenciar cómo los alemanes arrestaban a su padre para enviarle a Mauthausen, logró escapar del *gueto* de Cracovia, siendo acogido por familias polacas que vivían en el campo. Para los que hemos leído su biografía, las escenas más crueles de *El pianista* nos son familiares.

Después de la guerra, Polonia quedó en manos de la URSS, con un régimen liderado por el *Partido Obrero Unificado Polaco*. Aunque siempre se había sentido atraído por el cine, construyendo él mismo proyectores caseros, Polanski solicitó entrar en la escuela de teatro. Solo cuando fue rechazado se atrevió con la Escuela Nacional de Cine de Lódz, donde finalmente ingresó, aprendió y practicó su oficio con minuciosidad de artesano. Sus dos primeros cortos, *Dos hombres y un armario* (1958) y *Cuando el gato está ausente* (1959), ya reflejaban su peculiar visión del mundo. Ambos fueron premiados.

En 1959, se casó con su primera mujer, Barbara Kwiatkowska. Se sacaron el pasaporte y viajaron a Francia para visitar a su hermana Annette. París sobrevivía la posguerra conservando el encanto de creadores surrealistas como Buñuel y Cocteau, que tanto influenciaron su expresión artística. Regresó a Polonia para graduarse, y a continuación realizó *El cuchillo en el agua* (1962), que le procuró una creciente y firme fama internacional, llegando a ser portada de *Time* el 20 de septiembre de 1963, un mes y medio antes de que el Presidente Kennedy atravesara la fatal Dealey Plaza. Roman tenía veintisiete años. Curiosamente, en *Roman por Roman Polanski* (William Morrow and Company, Inc, New York, 1984), cuenta que estando con su mujer en Roma en 1959, se cruzaron con una expatriada llamada Alicia Purdom, quien tras declarar que iba en pos del espíritu de *La dolce vita*, admitió realmente que había tenido un lío con un joven senador norteamericano llamado John Fitzgerald en el comienzo de su campaña presidencial, "y que un tipo con cara regordeta le había dado dinero y recomendado fervientemente que abandonara el país".

Mientras que en el extranjero el clamor de admiración por *El cuchillo en el agua* era incesante, las autoridades polacas sentenciaron que "era una película que nadie necesitaba". La citada portada de *Time* celebraba su exhibición en la 1ª edición del *New York Film Festival* en 1963, junto con *El Ángel exterminador*, de Luis Buñuel. Al poco le fue notificado que la Academia de Cine de Hollywood la había nominado como *Mejor Película Extranjera*, por lo que fue invitado para asistir a la ceremonia de entrega de los premios en Los Ángeles. En su biografía cuenta que conoció a Federico Fellini y Giulietta Masina visitando Disneylandia, ya que *8 y 1/2* también había sido nominada, y que fue un honor perder ante tan gran película. Antes de volver a Londres, le invitaron a rehacer *El cuchillo en el agua* con Liz Taylor, Richard Burton y Warren Beatty. Respondió que "contaba con imaginación para crear más historias sin tener que repetirse."

De vuelta en Europa, no dejó de disfrutar los años dorados del movimiento *Ad Lib*, que proponía relaciones sexuales alternativas tanto para solteros como para casados, y que contaba con numerosos adeptos, entre ellos celebridades. La ola de libertad sexual se vivió en el viejo continente con fabulosa jovialidad, como un afán de intensa experimentación personal, buscando alternativas al rígido *status quo* social propio de la Guerra Fría. En 1964 codirigió *The world's most beautiful swindlers* junto con Claude Chabrol, Jean Luc Godard, Ugo Gregoretti e Hiromichi Horikawa. (Su corto, llamado *La rivière de diamants*, filmado en Amsterdam, fue eliminado en 2017 a petición del propio Polanski)

La productora *The Compton Group* se ofreció para financiar su siguiente película siempre que fuera de terror. Escribió *Repulsión* a caballo entre Londres y París. En 1965 ganó con ella el *Oso de Plata* en el Festival de Cine de

Berlín. En 1966, *Anno Satanas*, realizó *Cul-de-sac* (*Callejón sin salida*), que también fue estrenada con gran éxito en las principales capitales del mundo. Uno de sus protagonistas fue el actor y activista norteamericano Lionel Stander, que en 1964 se había mudado a Londres, tras abandonar Hollywood por su encontronazo con McCarthy y su "caza de brujas" en la década anterior. Muchos profesionales de la industria cinematográfica de Hollywood acabaron como él buscando refugio en Londres. El LSD, además, era aún legal en el Reino Unido, habiendo sido prohibido en California en 1966.

Se ha de resaltar la gran influencia que supuso esta substancia en la segunda década de los 60, en parte gracias a su embajador, Timothy Leary, fundador y precursor de la psicodelia. Nacido en 1920, estudió psicología en la Universidad de Alabama, doctorándose en Berkeley, California. Investigó los efectos del LSD sobre la mente humana, convencido de sus beneficios para el despertar espiritual y la transformación de la conciencia. Fundó el *Centro de Investigaciones Psicodélicas* de Harvard, experimentando con estudiantes y voluntarios. Con carismático ingenio se erigió en una de las personalidades esenciales de la contracultura norteamericana. Sus actividades llegaron a ser tan controvertidas que finalmente fue despedido de Harvard en abril de 1963, inaugurando un periodo vital durante el que atravesó complejas dificultades legales. En 1966, *Año Uno* para muchos, fue arrestado y condenado a prisión. Sin embargo, huyó del país y se dedicó a predicar su psicodélico evangelio por todo el mundo. Marshall McLuhan le inspiró el popular "Enciéndete, sintoniza y déjate llevar" como dogma de su organización religiosa Liga por el descubrimiento espiritual (*League for the Spiritual Discovery, LSD*), también fundada en 1966, y que utilizaba el psicotrópico como sacramento. De entre las infinitas anécdotas de su vida, merece la pena destacar que en 1973 fue vecino de celda de Charles Manson en Folsom, California. Es imposible resumir su enorme influencia en el arte, la música, la psicología y la espiritualidad. Existen estratos de lo social y lo político que también poseen su marca indeleble, ya sea reprogramando a los soldados en Vietnam o con estudios vinculados a *MK Ultra*, sacados a la luz por la mencionada *Comisión Church* en 1975. Valga como símil señalar que el LSD impregna todo lo acontecido en los años 60 igual que la raíz de Tanis la historia de Rosemary.

En ese mismo *Anno Satanas*, Polanski se cruzó con el productor estadounidense Martin Rasonhoff, a través del cual conoció a su segunda esposa, Sharon Tate. La joven actriz norteamericana se hallaba en el Reino Unido filmando *El ojo del diablo* (1966). Rasonhoff acabó comprando los derechos de distribución de *Callejón sin salida*, y adicionalmente se hizo cargo de la producción de *La danza de los vampiros*, reservándose el derecho de editar el metraje final.

Polanski confió en él, y junto Gérard Brach escribió el guión parodiando las producciones de la Hammer. El productor propuso a Sharon Tate como protagonista de la cinta, y Polanski solo la encontró lo suficientemente judía cuando le pusieron una peluca roja. La *MGM* puso infinidad de obstáculos al metraje final, entre ellos las escenas de desnudos. Adicionalmente, Ransohoff le cambió el título, cortó 20 minutos de película, e introdujo al comienzo unos absurdos dibujos animados, algo que enfureció al director polaco. Sintió tal espanto ante el resultado que quiso que su nombre se eliminara de los créditos.

Robert Evans le ofreció entonces dos propuestas: un guión sobre el deporte del esquí y las galeradas de *La semilla del diablo*, que aún no habían sido publicadas por Random House. Como ya se ha mencionado, Bill Castle había comprado los derechos para vendérselos a la *Paramount*. A los beneficios quiso añadir ser director de la película. Sin embargo, Evans no quería que aquella maravilla acabase en los estantes del cine de *serie B*. Sabía que Polanski extraería todo su jugo a la historia. Efectivamente, no paró de leer la novela hasta terminarla a las cuatro de la mañana, aceptando dirigirla. Tenía treinta y dos años, e iba a convertirse en el primer director de cine de un país comunista que filmaba una película en los Estados Unidos. La novela de Levin ya poseía estructura cinematográfica, y Polanski retocó sólo un aspecto: él se confesaba ateo, y propuso presentar la trama de manera que todo pudiese considerarse producto de la imaginación de Rosemary. En su versión de los hechos, corre un hilo de incredulidad: el espectador nunca llega a saber si todo fue una siniestra coincidencia. Quizá.

Cuando llegó el momento de elegir al papel de Rosemary Woodhouse, Polanski imaginó a una irlandesa de líneas contundentes, y no se sintió entusiasmado con Mia Farrow. En breve advirtió que, tras su aparente fragilidad, era una actriz sólida, hija de actores, consciente del duro trabajo que supone un rodaje. Tal intuición probó ser cierta cuando Frank Sinatra le envió los papeles de divorcio en medio de la filmación, como se verá más adelante.

Ofreció el papel de Guy a su buen amigo Warren Beatty, que lo rechazó diciendo que no era lo suficientemente importante. "¿Y si interpreto a Rosemary?", le propuso a cambio. También habló con Robert Redford, pero en ese momento estaba de riña con la *Paramount*. Finalmente Polanski seleccionó a John Cassavettes porque eran amigos, pensando que eso podría actuar a favor de la producción. Todo lo contrario: siendo Cassavettes actor y director que daba prioridad a la improvisación sobre cualquier otro método, chocaba constantemente con la minuciosidad técnica del maestro polaco.

Para acertar con los secundarios de sus películas, Polanski solía hacer bocetos de los personajes según escribía los guiones, y luego se los daba a los directores de casting, que a su vez le entregaban fotos de los profesionales más parecidos. Así es como fichó a Ruth Gordon y Sidney Blackmer. Ambos encarnaron de manera sublime a los siniestros Castevets, que el lector/espectador oye primero tras el tabique que separa los dormitorios 7E y 7A. Hemos de esperar a que Terry se lance por la ventana para verlos aparecer por la avenida, definitivos y estupendos, en un alarde de extravagancia sin precedentes en la historia de las artes audiovisuales. Reaccionan ante el suicidio de su protegida como si lo hubiesen ensayado un par de veces sin demasiado entusiasmo. Con el maquillaje a punto de derretirse sobre su rostro, Minnie incluso exclama "Eso no puede ser, ha habido un error".

Cuenta Mia Farrow que cuando Ruth Gordon se unió al rodaje pensó que jugaría con ella al ping-pong. Sin embargo, la veterana actriz se refugió en su camerino para abordar con tal dedicación el papel que le valió el *Óscar* a la *Mejor Actriz Secundaria* en 1968. Más allá del premio, su interpretación es obligado referente a la hora de representar a la bruja en el mundo contemporáneo. Polanski le dio libertad de creación, y así fue como Ruth Gordon asentó los fundamentos actorales del *valle inquietante* (*uncanny valley*), que David Lynch reproducirá décadas después en *Twin Peaks*. Resulta insuperable su manera de contorsionar el brazo para engullir un trozo de tarta con el tenedor, o el gesto con el que limpia el suelo con saliva al caer el cuchillo de Rosemary en el entarimado del salón, o cuando frente del edificio *Time & Life* en la Sexta Avenida extrae un pito de su bolso para llamar a un taxi. La legendaria escena en la que se la observa distorsionada por la mirilla estaba ya minuciosamente descrita en la novela de Levin. Polanski extrajo de ella toda su potencia visual, de modo que constituye una toma indispensable en la historia de la cinematografía mundial.

A Farrow le impresionó mucho la actriz Patsy Kelly, la ruidosa Laura Louise, sobre todo cuando exclamó: "Deja de decir *Oh Dios mío* o te mataremos, aunque nos quedemos sin leche". El actor Tony Curtis es quien da voz al malhadado Donald Baumgart. En cuanto al papel de Terry Gionoffrio, lo interpretó la actriz Victoria Vettri. En la escena en la lúgubre lavandería del sótano, Rosemary la confunde con "Victoria Vettri", y Terry (verdaderamente Vettri) reconoce que no es la primera persona en confundirla con quien verdaderamente es.

En *Entrevistas con Roman Polanski*, de Paul Cronin, (University Press of Mississippi. 2005), el director explicó que estaba leyendo *Ojo y cerebro, la psicología de la visión*, de R.L. Gregory, y que aplicó sus teorías. Según este neurólogo británico nuestras percepciones son la suma de nuestras experiencias visuales. Vemos mucho menos de lo que vemos debido a la cantidad de impresiones pasadas almacenadas en nuestra memoria. "Esto queda ilustrado por el hecho de que muchos espectadores salieron del cine pensando que habían visto al bebé, con sus pezuñas hendidas y todo. Lo único que había aparecido por un mini-segundo era la superimposición subliminal de los ojos de gato que miran a Rosemary durante su pesadilla al principio de la película".

El rodaje comenzó en Nueva York a principios del verano de 1967. Justo al otro lado del continente, en la costa oeste, se iniciaba *El Verano del Amor*, y el privilegiado barrio Haight Ashbury de San Francisco abría los brazos a todo tipo de peregrinos, ya fueran *Jóvenes Flor* o convictos. Polanski y su equipo filmaron las escenas exteriores junto al *Dakota-Bramford*, y después las que suceden en la ciudad, como la toma en la cabina de teléfono con el cameo de Bill Castle, o la inquietante secuencia en la que Rosemary cruza la calle con todos los coches pasando. Polanski le aseguró, "no te preocupes, nadie va a atropellar a una mujer embarazada", y él mismo la acompañó sosteniendo la cámara y cruzando sin mirar. Llegaron a repetirlo tres veces.

En septiembre de 1967, la filmación se trasladó a los estudios de la *Paramount* en Hollywood, donde se reconstruyeron los apartamentos del *Bramford*. Richard Sylbert fue el diseñador de producción y su cuñada, Althea Sylbert, se encargaría del vestuario de *La semilla del diablo* y posteriormente de la exquisita *Chinatown*. William A. Fraker fue el director de fotografía. Polanski también le dio total libertad, lo cual Fraker agradeció sinceramente, siendo la primera vez en su larga carrera en Hollywood que se le permitía "imaginar", puesto que los ejecutivos de producción decidían todo minuciosamente.

La reciente comercialización de lentes de diferente longitud focal facilitó la experimentación en Polanski, aunque él procuraba minimizar la distorsión en favor de un realismo perceptual. Prefería elegir el lugar de la cámara para seguir el movimiento espontáneo de los actores. En sus anteriores producciones había invitado a los actores a que se movieran de manera natural, espontánea, ejecutando la escena sin dirección, de manera fluida, para que él pudiera observar la dinámica del movimiento, y adaptar toda la maquinaria fílmica a ese transcurrir espontáneo.

En *Polanski and Perception*, de David Caputo, (Intellect Bristol, 2012) explicó que "un gran angular solo distorsiona si pones un mundo tridimensional en una pantalla bidimensional. A una distancia de dos metros, no distorsiona el rostro. No es la lente la que cambia la perspectiva, sino la distancia." Él quería reproducir lo que el cerebro percibe en la realidad ordinaria, y producir distorsiones en momentos puntuales. En esos casos, Polanski utilizaba una lente de 18 mm para elevar la tensión entre el ojo y el cerebro, que espera ver algo diferente de lo que la retina le está ofreciendo. Para evitar la obvia distorsión que generan los grandes angulares, Polanski ubicaba la cámara en lugares estratégicos, de manera que se producía una distorsión lo suficientemente ligera como para no perder la sensación de realidad.

En su mayor parte, Polanski utilizó una lente de 25 mm que acercaba la cámara en torno al cuerpo de Rosemary, con un efecto envolvente, originando una profundidad cuyo punto de referencia lo constituye ella y su cuerpo. La audiencia no nota los movimientos de cámara porque son el punto de vista de la protagonista. Paralelamente, eligió un radio de pantalla de 1.85:1, (frente al 2.33:1 de *La danza de los vampiros*) para trabajar con una extensión del campo visual horizontal que no afectase la verticalidad del entorno urbano en el que la película tiene lugar.

La escena del sueño fue filmada en un yate cerca de la isla de Santa Catalina. Como ya se ha señalado, tenía que representar al presidencial *Honey Fitz*, que pudo haber sido visitado por Marilyn Monroe. El público norteamericano de los 60 no tuvo problema en identificar al yate que se conocía como la *Casa Blanca flotante*, así como en reconocer a los dobles de JFK y de la primera dama. La gran mayoría de los ensayos que tratan sobre la película pasan por alto esta particularidad, y hablan genéricamente "del capitán" y "de la señora que baja las escaleras", tal y como hace en el número dedicado a Polanski editado por David Ehrenstein para *Cahiers du Cinéma* en 2012. Esta imprecisión es grave: la presencia de los Kennedy y su identificación y reconocimiento es esencial para comprender la obra de Levin, tal y como el presente trabajo en español trata de exponer. Si bien en la novela queda claro que hay una intención de revisión histórica, la versión cinematográfica de Polanski favorece más la ambivalencia perceptual, de lo que se hablará más adelante.

De esa manera, la película incorpora elementos que se adaptan a su exclusivo lenguaje: al pasar por el jardín casero de la señora Gardenia, Guy observa "que no hay marihuana". En el calendario de pared de la cocina, Rosemary escribe "Blood", (sangre), el 1 de noviembre. Las bandas blancas y amarillas, distintivas en la decoración del apartamento, se aprecian mucho más, recordando al estandarte vaticano. Es inequívoco el rechazo que siente Guy por su esposa embarazada, durmiendo en el extremo de la cama, o estremeciéndose cuando le toca el vientre tras la fiesta "de los menores de sesenta años".

Lo que más sobresale es el ominoso *tic-tac* que rompe el silencio de la noche, cediendo así al absurdo de los sueños. Según Polanski, "los sueños no son ruidosos". Además de no sincronizar el sonido de esas escenas, quiso reproducir la dinámica fugaz de los objetos oníricos en constante cambio, como cuando el apuesto Kennedy acaba deviniendo Hutch girando en torno a sí y alzando el brazo con el saludo nazi. Segundos después, Hutch aparece en el puerto y

Rosemary pregunta, "¿No viene Hutch con nosotros?", y un hombre con un acento similar al del presidente asesinado le responde que solo los católicos pueden participar. "En los sueños *se entiende* todo de manera diferente", defendía Polanski. "No es solo lo que vemos sino lo que sabemos que es *cierto*. En un sueño puede aparecer que estoy hablando con mi mujer, pero puede que sea mi padre el que esté en frente mío. Incluso si tiene la apariencia de mi mujer, sé que es realmente mi padre. Eso no es fácil de mostrar en cámara, obviamente."

En el tránsito de Rosemary entre realidad y sueño, cruzando el apartamento 7E y 7A, *Tonal* y *Nahual*, Polanski sigue al dictado lo descrito por Levin: la capilla Sixtina, (instilada en el subconsciente colectivo por las imágenes televisivas del pabellón vaticano en la Feria Mundial), seguido por un umbral coronado con la cabeza de un carnero, e inmediatamente después, las baldas de diseño *Gingham*. Entonces Hutch anuncia la ominosa llegada de *Tifón*, del que ya se ha tratado en el anterior capítulo.

Con respecto a la apariencia de lo onírico, Polanski apostó por apagar los colores cambiando el color de los objetivos, porque "los sueños no suelen ser muy brillantes". En opinión del director polaco, "mucha gente piensa que sueña en blanco y negro, pero eso es artificial, diferente a cómo el cerebro percibe el mundo. La noción de blanco y negro apareció con la fotografía. El color es algo difícil de recordar. Cuando le preguntas a alguien por el color de algo, muchas veces se equivoca".

Tras su breve experiencia con el LSD, Polanski encontró que las alucinaciones y los sueños son semejantes porque no son experiencias estáticas. "Quise mantener este tipo de continuidad haciendo muy pocos cortes. Todos los sueños son a cámara lenta. Y como con el color, el fondo de un sueño existe sólo cuando es importante y cuando lo estás mirando directamente. Si alguien habla y se enfoca al sujeto, de repente el fondo desaparece porque la acción está en otro lugar. Por supuesto, en una película no es fácil eliminar el fondo, todo está ahí arriba en la pantalla. No solo consiste en *hacerlo borroso*. Eso es lo que intenté recrear en la pesadilla, algo que ni es sueño ni es realidad".

Efectivamente, una vez que Rosemary desciende a la parte inferior del yate y entra en el salón, siente que a su derecha crepita un fuego, que en "realidad" es el cuadro de la catedral de San Patricio ardiendo. Se tumba sobre un colchón de flores, en medio de la estancia, y es rodeada por el aquelarre desnudo. La cámara se dirige al cuadro de Adrian Marcato, que por un terrorífico segundo cobra vida. Una mujer con aspecto aéreo y angelical desciende las escaleras hablando con una voz que remite a Jackie Kennedy Onassis. Aun en escorzo, la similitud es obvia, siempre y cuando al vidente le sea familiar su peculiar perfil. Suceden vapores, entonces, seguido por un primer plano de

Rosemary asustada. También se nos muestra un horroroso e inhumano rostro. Es cuando exclama que el sueño está realmente sucediendo. Se le cubre la cara con un almohadón negro. Mientras recibe embistes rítmicos, aparece el papa. Ella le pregunta si la perdona. En la novela queda claro y explícito que es porque ha tenido un orgasmo con Satán y se siente culpable. En la película, no se especificó.

Se dice que el fundador de *La Iglesia de Satán*, Anton S. Lavey, colaboró como consultor, y que incluso había interpretado el papel del Diablo en la escena de la impregnación. Nadie cercano al rodaje corroboró nunca este dato. Gene Gutowski, amigo del director polaco, confirmó que no hubo consultor y que Anton S. Lavey y Polanski nunca se conocieron. El productor William Castle, que en su autobiografía *Step Right Up! I'm Gonna Scare the Pants off America* (New York: Pharos Books, 1992), da cuenta de sorprendentes detalles acerca de la producción, nunca menciona a Lavey. El traje de goma que cubre a Satán fue adquirido en 1971 por una productora de Kentucky, *Studio One Productions*, para utilizarlo en la película de terror de bajo presupuesto, *Asylum of Satan*. El fundador de *El Templo de Set*, Michael Aquino, que actuó como consultor técnico en aquella película, examinó el traje y concluyó que "era demasiado pequeño para la envergadura de Anton Lavey". (En *Asylum*, debía llevarlo una chica). En 1968, un cine de San Francisco solicitó a ASL que presentara *La semilla del diablo* para promocionarla. Esta parece ser la única ocasión documentada en la que el fundador de *La Iglesia de Satán* participó en algo relacionado con la película que dio origen a una explosión de interés sin precedentes por el Satanismo.

Lo que Mia Farrow contó acerca de esa secuencia no llega "a coincidir" con lo anterior. En los comentarios a la película en su versión en *DVD* de *Criterion Collection*, Farrow recuerda que el actor que interpretaba a Satán, se incorporó educadamente, "y completamente desnudo y con sus lentillas de iris vertical", le dijo que "había sido un placer trabajar con ella". Según la IMDB, se trataba de Clay Tanner, demasiado corpulento también como para llevar el traje de goma al que se refiere Aquino.

Por lo demás, Farrow no quería filmar desnuda porque "después de todo era católica". En algunos momentos de la filmación se sintió tensa porque provenía de una familia practicante que "cubría las imágenes en Viernes Santo y rezaban juntos de rodillas". Admite que no mucho antes de comenzar a trabajar de actriz, había querido ser monja. Paralelamente, las escenas en las que tuvo que mascar carne e hígado crudo le debieron resultar muy difíciles de rodar porque era vegetariana.

Cuando Vidal Sassoon fue a Los Angeles a cortar el pelo a Farrow, Robert Evans convirtió el encuentro en un evento publicitario. La joven actriz no cesó de increpar a los fotógrafos por estar pendientes de ella en lugar de defender los derechos de los indios americanos. Encarnaba plenamente el espíritu *hippie* de la época. Por eso fue un *shock* cuando Mickey Rudin, abogado de Frank Sinatra, apareció en medio de la filmación de la fiesta solicitando una reunión urgente. El actor italo-americano, también católico, la había estado presionando para que abandonara la producción de Polanski, ya que llevaba "semanas de retraso" y debía comenzar a trabajar con él en *El detective*. Sin embargo, Mia Farrow no abandonó porque "en su familia de actores era impensable dejar un rodaje en medio de la filmación".

Ante la determinación del abogado de Sinatra, Polanski decidió hacer un descanso para permitir que Mia se reuniera con él en su camerino pintado con mariposas, flores, y las palabras "Amor" y "Paz". Al ver que tras la pausa Farrow no salía, el director la fue a buscar, y se la encontró llorando amargamente: no tenía ni idea de que Sinatra quisiera divorciarse, le dijo. Nunca imaginó que su marido pudiera hacer algo tan cruel. Polanski le propuso a Farrow posponer el rodaje hasta el día siguiente, pero la actriz le dijo que solo necesitaba un par de minutos. El rodaje continuó ese día sin problema. Después de aquello, a Farrow se le notó deprimida, pero terminó la película como una profesional. Treinta años después, Sinatra se ofreció a Mia para romperle las piernas a Woody Allen tras su divorcio.

Era cierto que la producción iba con retraso, que estaba saliendo más cara de lo previsto, y que aún quedaba mucho por rodar. Como primerizo en Hollywood, Polanski estaba horrorizado. Una vez se cruzó con Otto Preminger en los estudios de la *Paramount*, quien con tono de voz de barítono teutónico, le preguntó: "¿Está gustando el metraje?" Roman respondió orgulloso que los ejecutivos estaban encantados, a lo que Preminger respondió: "Pues pásate de presupuesto todo lo que quieras siempre y cuando el metraje continúe siendo bueno."

Sí que hubo una ocasión en la que los directivos de la *Paramount* quisieron intervenir escandalizados. Fue cuando visionaron la escena en la que los Castevets se enteran de que Rosemary está embarazada. Minnie va a la habitación de los Woodhouse a llamar a su buen amigo R. Sapirstein. Polanski filmó lo que la audiencia ve, que es lo que Rosemary ve: una puerta en la que sólo se advierte la espalda de Minnie, que está sentada en la cama. No se la ve entera, ni con el teléfono en la mano. Los ejecutivos pensaron que eso había sido un error, y recularon admirados cuando supieron que la pre-audiencia se había inclinado levemente hacia la derecha para ver si podían ver a Minnie entera.

Esta toma es un magnífico ejemplo del uso de la profundidad en Polanski, con frecuentes referencias visuales a un espacio oculto inserto en un marco exterior. Para acceder a ese espacio, el espectador ha de introducirse en ese recinto confinado, y algunas veces la cámara le permite el acceso, y otras no. Lo mismo sucede en la escena en la que el humo del cigarrillo se utiliza para sugerirnos dimensiones de lo oculto. Tal y como se ha visto en el anterior capítulo, Guy se retira al salón con Roman, mientras que Minnie y Rosemary lavan platos en la cocina. Cuando Rosemary mira hacia la habitación de enfrente, la cámara nos proporciona el contraplano de lo que ella ve, esto es, humo que flota al otro lado del umbral. De ello resulta una especie de efecto negativo: el deseo de introducirnos en ese espacio se acrecenta al sernos denegado el acceso.

Estos espacios fuera de la pantalla son muy importantes en la historia de Rosemary, ya que en ellos reside la respuesta de si sus percepciones son verídicas o no, lo cual causa una gran tensión en el espectador. Cuando el público reconstruye con Rosemary el *puzzle* de "lo brujo", son esos momentos "fuera de la pantalla" los que proporcionan significado a lo sucedido. En el caso de la conversación oculta después de la cena, es cuando imaginamos que Roman planta la semilla del pacto diabólico en la mente de Guy, quedando como única evidencia *un hilo de humo que flota*. Es la misma razón por la cual Polanski nunca nos mostró al bebé.

En *Entrevistas a Roman Polanski*, éste admite que cambió el final del libro porque el original de Levin no dejaba nada para la imaginación del lector, y él deseaba que los espectadores imaginasen. "Cuando vamos al cine a ver una película de ciencia ficción, el cuerpo se nos tensa en la butaca mientras presenciamos la representación de un misterio. Los platillos volantes llegan, se produce entonces el momento más aterrador de la proyección: la puerta se abre y el *alien* está *a punto* de aparecer. En mi versión cinematográfica de la novela, no se sabe si todo ha sido cosa de brujería o son las propias fantasías de la protagonista. Si quieres que un libro o una película sean interesantes, no seas explícito".

Lo que sí muestra es su versión del libro *Todos ellos brujos*, no conformándose con realizar tomas genéricas de un volumen cualquiera. Richard Sylbert, el magnífico productor de diseño, creó un libro físico que su mujer aún conserva. La inscripción "Edward Hutchins, Torquay, 1934" está escrita por él mismo. Rosemary lo hojea con cierto apresuramiento al principio, y al espectador le es dado "echar un vistazo" a sus páginas, esto es, se le deja acceder al "espacio secreto inserto en un marco mayor". El grabado que aparece en el capítulo dedicado a Thomas Colley representa realmente a William Lilly. El primero fue un limpiachimeneas británico ejecutado en 1751 por haber linchado a la pareja de ancianos John y Ruth Osborne acusándoles de brujos. El segundo fue un intrigante personaje del siglo XVII conocido por haber escrito en inglés, (y no en latín), almanaques y notas astrológicas.

El capítulo siete de este ficticio volumen está dedicado a Prudence Duvernoy, nombre de un personaje de la novela de Alejandro Dumas *La dama de las camelias*, publicado en 1848. La fotografía, en cambio, remite a la bruja de Carnmoney Mary Butters, quien no pudo haberse fotografiado antes de desarrollarse la técnica fotográfica. En el capítulo cuatro se menciona a Adrian Marcato, pasando primero por un epígrafe dedicado a "la Pimienta del Diablo", que alude a la raíz de Tanis. La fotografía de familia de Marcato está tomada en Paris en 1899 ante un café en el que se lee: "Vins Café Liqueurs - Marc de Bourgogne". Acá y allá aparecen textos de *Un manual para brujas* escrito en 1965 por la escritora británica Gillian Tindall. En su película *La novena puerta* (1999), Polanski vuelve a recrear un libro ficticio: *Las nueve puertas del reino de las sombras*, supuestamente redactado por Aristide Torchia, en base a lo escrito en *El club Dumas* de Arturo Perez Reverte.

La semilla del diablo se terminó de filmar en Los Ángeles el 20 de diciembre de 1967 y en seguida se dio paso a la edición. Tras terminar *El Graduado*, el magnífico editor Sam O'Steen redujo todo el metraje a cuatro horas, que posteriormente convirtió en dos horas y dieciséis minutos. Polanski aprendió muchísimo con él. "¿Has visto *2001, una odisea en el espacio*? ¿A que *La semilla del diablo* parece más larga? ¿Media hora más larga? *2001* dura exactamente dos horas y diecinueve minutos, y *La semilla del diablo* dos horas y dieciséis minutos. Es solo tres minutos más larga".

Otra coincidencia entre ambas películas es que utilizan *Technicolor*, lo último en color en cine en ese momento. El metraje filmado en *Technicolor* permitía extraordinarios efectos especiales en post-producción. En *2001, una odisea en el espacio,* Kubrick aprovechó las ventajas de la película para manipular las tres matrices de color y producir el efecto de color falso de la secuencia del viaje a través del espacio-tiempo. Se piensa que fue Kubrick el creador de este efecto, pero Polanski también manipuló la película de manera similar en post-producción. Ambos directores hablaban por teléfono con frecuencia, ya que eran amigos. Lo más probable es que compartieran el truco. Su amistad probó a ser muy útil tras los trágicos sucesos del verano de 1969, como se verá más adelante.

Krzysztof Komeda, que ya había trabajado antes con Polanski en Europa, compuso la banda sonora. Propuso dos nanas tan buenas que verdaderamente no sabían con cual quedarse. En lugar de contratar a una cantante, Polanski pidió a Farrow que la murmurara, creando una de las introducciones más impactantes de toda la historia del cine. Es como si el propio edificio la estuviera cantando.

Cuando llegó el momento de determinar cómo vender la película, los de la Paramount entraron en pánico. No sabían cómo vender el argumento sin quedarse sin audiencia.

Robert Evans apareció entonces con el cartel de Philip Gibs, que posteriormente diseñaría la publicidad de *Aliens*, *Superman*, *Atracción fatal*, etc... En él se veía el transparente perfil de Farrow sirviendo de fondo a una cuna negra con la siguiente leyenda, "Rezad por el hijo de Rosemary". Se convirtió en el anuncio del año, e inauguró, según Evans, una época dorada para el cine de terror. El productor de la *Paramount* siempre aseveró: "Manipular la mente con una película es un gran arte, y Polanski posee tal maestría."

El 12 de junio de 1968, la película se estrenó en Nueva York, seis meses después de la boda de Polanski y Tate. Sharon acudió al evento con el pie escayolado porque se había caído, y Roman iba todo cubierto de puntos porque unos españoles se habían metido con Sharon en la calle y él la había defendido.

Mientras tanto, Europa estallaba por los sucesos de mayo del 68. El Festival de Cannes de ese año se canceló como protesta por el despido de Henri Langlois por parte de André Malraux, ministro de cultura de Charles de Gaulle. A Polanski le afectó directamente porque era miembro del jurado, y no quería interrumpirlo porque sabía lo que el festival representaba para nuevos directores de países del este como Milos Forman. Godard, Truffaut y Malle, en cambio, consideraban el festival "elitista y burgués", apoyando su cancelación. Monica Vitti unió fuerzas con el director polaco, mientras que Carlos Saura y Geraldine Chaplin, que presentaban *Peppermint Frappé* (1967), impidieron que las cortinas se abrieran para interrumpir la proyección. La audiencia estalló furiosa, expandiendo *la revolución*.

Aunque el movimiento nunca alcanzó los objetivos marcados, es incuestionable la influencia de mayo del 68 en el acontecer social y cultural de Europa. Fueron meses muy intensos en los que la liberación sexual se expandió y una nueva espiritualidad se abría paso gracias al LSD, el peyote y otras substancias psicotrópicas. El movimiento *hippie* estadounidense encontraba eco entre los jóvenes europeos. Surgían nuevas expresiones artísticas en escenarios improvisados que, como Woodstock en agosto de 1969, conformaron los nuevos *templos* en los que los *Hippies* enterraban la rigidez de la guerra fría.

En cierto sentido, *La semilla del diablo* representó un encuentro entre dos mundos, separados a consecuencia de la II Guerra Mundial: por un lado la América de Ira Levin, sumida en el estremecimiento por la cadena de asesinatos políticos, luchas civiles y guerras como la de Vietnam, y por otro la Europa de Polanski, dividida por el muro de Berlín en 1961, el mismo año en el que Kennedy alcanzaba la presidencia.

Efectivamente, el contexto histórico y social acaba estando muy a tono con lo que sucede en la novela. Se crea una diégesis que desestabiliza nuestro concepto de la realidad porque la línea entre lo que creemos que es real y lo que es imaginado, soñado o alucinado, está desenfocada. Como lectores, audiencia o ciudadanos, nos vemos forzados a especular para devolver equilibrio a nuestra manera de entender la historia, pero cuanto más nos acercamos a la novela, a la película y a los acontecimientos históricos que la circundan, más ambiguo aparece todo.

En mi caso particular, el entorno me instiló que la novela/película era de terror e inmoral. Durante mucho tiempo, esta percepción heredada prevaleció, hasta que un visionado más detenido de la secuencia del sueño me permitió vislumbrar las baldas del armario cubiertas con el diseño *Gingham*. Como por arte de magia, el hechizo se rompió y le vi el revés a las costuras. Solté una carcajada ante la magnífica parodia. Después de diez años de estudio, no puedo más que reconocer que la combinación que ofrecen novela, película e historia, constituye uno de los más asombrosos misterios del mundo contemporáneo. Es como tocar las raíces viscosas de lo oscuro, o algún tipo de extraña antimateria que nos estalla en la cabeza con sus inquietantes paradojas.

En los territorios de la ambigüedad visual que tan bien conoce Polanski, existen ilusiones ópticas construidas cuidadosamente para realzar la incapacidad del cerebro para percibir simultáneamente imágenes contradictorias en un mismo campo visual. Ejemplos de ello son los famosos dibujos de la vieja y la joven, o el pato/conejo, ante los cuales el cerebro oscila en la percepción de dichas imágenes, siendo incapaz de determinar cuál de las representaciones "es la auténtica y definitiva". Cualquier intento de estabilizar una percepción multiestable es un ejercicio incómodo y fútil. De la misma manera, tanto libro como película y contexto histórico, se nos presentan como sucesos ambiguos en los que una serie de realidades compiten, sin que pueda llegar a deducirse una visión/versión definida/definitiva. Lo más fructífero es no hablar *de la singularidad*, sino *con ella*, y lo más humilde y acertado es presentar un mapa de las varias ideas en conflicto. Estar en "lo brujo" es, después de todo, habitar con comodidad lo equívoco.

"La reacción no fue muy cálida," admitió Polanski decepcionado. "Clasificaron la película como X. Los censores locales de ciudades pequeñas como Salem prohibían ir a verla. Fue un escándalo en toda América." Le llamó la atención la siguiente carta al editor: "No he visto *La semilla del diablo* y no la quiero ver. Le estoy muy agradecida al alcalde de mi pueblo que nos haya protegido de este horror". Pero censores y alcaldes seguían sin controlar lo que ocurría en la realidad. A los disparos en Dealey Plaza, Texas, y en el *Audubon Ballroom*, de Nueva York, se sucedieron los del *Lorraine Motel* de Memphis, y el *Ambassador Hotel* de Los Ángeles. Al final del verano del 68, la viuda Jacqueline estimó que era un "buen momento para abandonar barco", y el 20 de octubre de ese mismo año se casó con Aristóteles Onnasis, el ex-amante de su hermana Caroline Lee (aka Lee Radziwill), en Skorpios, su isla privada.

Polanski no investigó sobre brujería. Sin embargo, le sucedió una anécdota curiosa con el rey brujo Alex Sanders, y la reina bruja, Maxime Morris: "En Inglaterra hay cerca de treinta mil practicantes de brujería registrados, y de casualidad conocí al rey y a la reina bruja en Londres. Fue antes de empezar a filmar *La danza de los vampiros*. Mi mujer, Sharon Tate, estaba haciendo una película en Inglaterra, *El ojo del Diablo*, y fue entrevistada en un programa de televisión al que también se habían invitado a unos brujos. Les preguntaron sobre sus rituales y ropas ceremoniales. Uno de los periodistas se burló de ellos, pero no reaccionaron agresivamente. Sencillamente le dijeron: "Nunca serás un brujo porque no sientes simpatía por la gente." "¿Quién puede ser brujo entonces?, preguntó el periodista. El hombre se volvió hacia mí y dijo, "él". Yo me quedé de piedra. Estos eran brujos buenos, mientras que los brujos de Rosemary son malignos. Los brujos buenos quieren hacer a la gente feliz. Son una anti-religión. En principio, la génesis de la brujería es ser una contra-religión del catolicismo. Por eso su simbolismo son inversiones de los objetos de culto, como la cruz y la misa negra. Se trata de una burla. Sharon me dijo al día siguiente que esos brujos habían visitado el estudio porque la película que estaba a

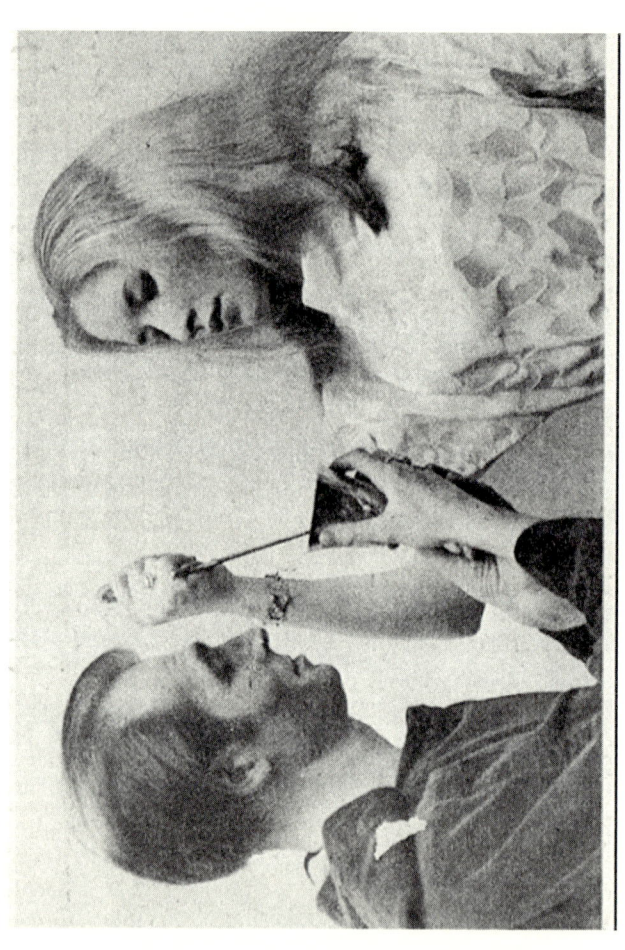

Los brujos Alex Sanders y Maxime Morris. 1967.

punto de hacer trataba sobre el tema. Se les había invitado como asesores y para promocionarla. Algunos periodistas y fotógrafos les pidieron que hiciesen una demostración de sus rituales, y dos de ellos empezaron a bailar con cuchillos, y después se quitaron las ropas."

Polanski siempre defendió que *La semilla del diablo* no era una película de brujas. Tanto en esta adaptación literaria como en el guión de *La danza de los vampiros*, hay un rastro de humor judío que ha desaparecido en el viejo continente. "La cultura de la Europa del Este fue arrasada por los alemanes, y en Polonia sufrió además la devastación del estalinismo. Es algo que Mark Chagall e Isaac Babel reflejan muy bien, al igual que otros pintores judíos. Esta cultura, que ya nunca volvió a reaparecer en Polonia, es parte de mis memorias de niño. Ya no hay judíos tradicionales en la Europa del Este. Se fueron a vivir a América y a algunas regiones de Francia."

En este respecto, el escritor y crítico judío Nathan Abrams es más contundente en su artículo del 12 de abril de 2018 para la revista *online Forward*: "La película está llena de referencias al catolicismo: su protagonista, Rosemary Woodhouse, es una católica no practicante que sueña con monjas. Se habla de la visita del papa a Nueva York en octubre de 1965, y también de la familia Kennedy. La historia podría describirse como *una gran broma sobre el catolicismo*".

Aunque Frank Kafka y Bruno Schulz también proyectaron en sus textos lo hilarante de lo absurdo, no es una práctica exclusiva de la cultura *Askenazi*. Durante toda la historia del arte, lo grotesco nos ha iniciado en los territorios de lo híbrido, las metamorfosis y la teratología. Al caracterizarse por realzar la deformación y lo macabro, no encontró eco en el Renacimiento, siendo resucitado con los excesos del Barroco. Gracias al apoyo económico del Emperador Rodolfo II, adepto del arte alquímico, Arcimboldo reprodujo rostros monstruosos compuestos por frutas y objetos. El Bosco, Salvator Rosa y Francisco de Goya establecieron con sus óleos la estética de lo siniestro. Tanto en la novela de Levin, como en la proyección de Polanski, hay también una alteración del orden de las cosas, una transformación de funciones y proporciones. Es un tipo de expresión que causa repulsión porque muestra el dolor y la degradación en un marco en el que la ironía y la burla no ceden a la angustia y a la desesperación. Desde tiempos inmemoriales se ha considerado que este espíritu jovial tiene algo de diabólico porque trasciende la solemne gravedad del alma y se ríe de ella.

Tanto en *El baile de los vampiros* como en *La semilla del diablo* hay además una desviación del tradicional final de la película de terror, en la que los buenos ganan. En estas dos, el *mal* prevalece. Polanski, en todo caso, siempre se ha mantenido al margen de consideraciones sobrenaturales, definiéndose como ateo anarquista. "Mi interés y compromiso como director de cine era llevar ese libro a la vida."

Junto con *2001, una odisea en el espacio*, *La semilla del diablo* estuvo entre las 10 películas más taquilleras de 1968. Compitió con *thrillers* como *El planeta de los simios*, *El estrangulador de Boston*, *La noche de los muertos vivientes*, *El Graduado*, *El caso Thomas Crown*, *Barbarella*, *La extraña pareja*, *Érase una vez en el Oeste*, y *El león en invierno*.

En una de esas noches de inacabables juergas características de Los Ángeles en el 68, el compositor indispensable de Polanski, Krzysztof Komeda, y el escritor polaco Marek Hlasko, sufrieron un accidente de coche. A consecuencia de ello, al músico polaco le salió un enorme chichón en la frente y profundas ojeras; poco después tuvo que ingresar en urgencias para extraerle un coágulo del cerebro. La operación fue un fracaso y el compositor entró en un coma del que nunca despertó. Muchos encontraron un eco con lo sucedido a la señora Gardenia y a Hutch. En todo caso, Polanski se encargó de que falleciera en Polonia acompañado de su mujer. Se consoló de la pena de perderle pensando que en Hollywood su muy querido amigo había sido inmensamente feliz. Su otro amigo, Bill Tennant, que fue quien le dio las malas noticias sobre Komeda, aún tendría que realizar una funesta tarea en la mañana del 9 de agosto de 1969: identificar los cadáveres de 10050 Cielo Drive.

Siempre se puede considerar la idea de que es *un día en particular* y no otro el que da comienzo a una tragedia. Quizá algo no debió suceder el 12 de febrero de 1969, día en el que Sharon firmó con Rudi Altobelli el alquiler de la lujosa casa en Benedict Canyon. Se había quedado embarazada y había decidido que su bebé naciera en los Estados Unidos. Polanski se estaba preparando para dirigir *El día del delfín* en Londres. Había perdido su pasaporte en Brasil, lo cual le causó infinitos inconvenientes en Roma, donde fue retenido en el aeropuerto y forzado a dirigirse al Reino Unido.

Sharon Tate se reunió con él en Londres, y antes de volver en barco a Los Angeles, le regaló el libro de Thomas Hardy, *Tess la de los d'Urberville*, porque quería que lo adaptara a la gran pantalla. Polanski tuvo la premonición de que no volvería a verla, y el sentimiento prevaleció por lo acontecido posteriormente. Cuando la mujer de Bill Tennant le llamó para decirle que *todos habían muerto*, Polanski pensó que había habido un corrimiento de tierras. Tuvieron que solicitarle un visado de emergencia para poder volar a Los Ángeles. Se instaló en una suite que la *Paramount* le cedió, en la que estuvo casi todo el tiempo sedado y bajo el cuidado de sus mejores amigos. Aunque aterrados por la masacre, todo Hollywood asistió al funeral de Sharon Tate, excepto Steve McQueen, a quien Polanski nunca le perdonó su ausencia.

En las pocas entrevistas que ha concedido para hablar de su vida personal en general, y de aquel suceso en particular, siempre ha manifestado su abierto desprecio por la prensa, irresponsable y deliberadamente cruel tras lo sucedido en Cielo Drive. Se publicaron todo tipo de comentarios acerca del abuso de drogas en su grupo de amigos, así como oscuras afinidades místicas y desvaríos sexuales.

En *Roman por Roman Polanski*, cuenta que durante la ocupación alemana los muros de los cines de Cracovia exhibían el siguiente slogan: "Solo los cerdos van al cine" y admite que él era uno, ya que visitó todos y cada uno de los teatros que pudo en aquellos aciagos meses. En 10050 Cielo Drive hubo de encarar una versión más dura de ese grafiti: *Pig*, cerdo en inglés, escrito en la puerta de la casa con la propia sangre de Sharon. Unos días antes, como veremos más adelante, la policía encontraba escrito *Political piggy*, cerdo político, en la casa de Gary Hinman, por cuya muerte había sido arrestado Bobby Beausoleil, acólito de Charles Manson. La inspiración pudo provenir de la canción *Piggies*, que George Harrison había escrito en el verano del 68 aludiendo a la policía.

Mientras que Paul Tate, su suegro, decidió disfrazarse de *hippie* y rastrear los bajos fondos californianos en busca de chivatazos, Polanski ofreció una recompensa de $25.000 a cualquiera que pudiera ofrecer información sobre los autores de la matanza. La policía había encontrado unas gafas

Sharon Tate

REWARD

$25,000⁰⁰

Roman Polanski and friends of the Polanski family offer to pay a $25,000.00 reward to the person or persons who furnish information leading to the arrest and conviction of the murderer or murderers of Sharon Tate, her unborn child, and the other four victims.

**Information should be sent to
POST OFFICE BOX 60048,
TERMINAL ANNEX,
LOS ANGELES, CALIF. 90069.**

Anuncio de la recompensa ofrecida por Polanski
tras la tragedia de Cielo Drive.1969.

de concha en el salón de Cielo Drive, y Polanski se hizo con un pequeño medidor de graduación de gafas, comprobando si alguno de sus amigos y conocidos tenía una graduación igual. También buscó rastros de sangre en los coches de sus allegados con ayuda de un pequeño kit químico. Llegó a sospechar de John Philips, cantante de *The Mammas & the Pappas*, porque había tenido una breve aventura con su ex-compañera, Michelle Philips. Michelle acababa de separarse de John, y se había ido a Londres con la bebé de ambos, Chynna. Sin embargo, John se llevó al bebé de vuelta a los EEUU. Años más tarde, John y su otra hija, MacKenzie (fruto de su matrimonio con Susan Stuart), protagonizaron su propio horror cuando en una frenética jornada de drogas y alcohol, el padre violó a la hija, iniciando así una relación incestuosa que duró diez años.

En la autobiografía citada, así como en numerosas entrevistas, Polanski admitió que estuvo varios meses deprimido sin lograr hacer nada, asemejándose cada vez más a su propio padre cuando perdió a su madre en Auschwitz. En una de sus frecuentes conversaciones telefónicas, Stanley Kubrick le aconsejó que no pensara en filmar, y que hiciera deporte.

Practicando esquí en Gstaad, Suiza, a comienzos de 1970, Polanski decidió llamar al actor y guionista británico Kenneth Tynan porque por fin había decidido la siguiente película que dirigiría. Escrita en 1604 para el Rey Jaime de

Inglaterra, constata la popular creencia en profecías, brujas y magia negra. Se trataba de *Macbeth*.

El diablo en Cielo Drive

El bebé Charles Milles Manson vino a este mundo el 12 de noviembre de 1934. Curiosamente, el famoso cosmólogo Carl Sagan nació tres días después. Otras celebridades que iniciaron su vida en paralelo a Manson fueron la periodista Joan Didion, los actores Sidney Pollack, Richard Chamberlain y Shirley McLaine, la filántropa Nancy Kissinger, y el fiscal del estado Vincent Bugliosi, artífice de la teoría *Helter Skelter* que le procuró la pena capital treinta y siete años después.

A la crisis de Wall Street de 1929 le sucedieron los aciagos años de la Gran Depresión estadounidense, que afectó a millones de norteamericanos y que se extendió por todo el mundo como otras crisis más recientes. El alto índice de desempleo y la pobreza extrema avivó lo más crudo de la realidad social entre 1931 y 1934. Se culpó al presidente republicano Herbert Hoover por no lograr detener la caída, y en 1932 el candidato demócrata Franklin Delano Roosevelt alcanzó la presidencia hasta 1945, año de su fallecimiento. Cierta recuperación no llegaría, en todo caso, hasta 1940, frustrándose con el inicio de la II Guerra Mundial.

1934 también es el año en el que la policía detuvo a balazos al *Enemigo Público nº 1*, John Dillinger, a Bonnie Parker y Clyde Barrow, y al *bello* Floyd, entre otros. Y mientras asaltos y disturbios y huelgas se sucedían, Joseph Patrick Kennedy Sr. exclamaba *Eureka* al ver sus inversiones inmobiliarias multiplicadas por diez. Con el fin de asegurar la fortuna de sus nueve hijos, creó fondos fiduciarios para cada uno de ellos. Durante la *Ley Seca*, el contrabando ilegal de whiskey y ginebra le había proporcionado grandes beneficios. James Roosevelt, hijo del presidente, le ayudó a legalizar el negocio de importación en el momento adecuado.

Nadie mejor que Ada Kathleen Maddox, la madre de Manson, para ilustrar lo que en EEUU se conoce como *White Trash*, basura blanca. Tenía quince años cuando tuvo a Charles, quien tomó el apellido de un tal William Eugene Manson, tintorero, con quien se casó después de haber sido preñada y abandonada por un timador profesional. Encarnando el espíritu de la época, Ada y su hermano salían a beber y a armarla con demasiada frecuencia, lo que acabó hartando al marido, que se divorció en 1937. Dos años después era condenada a pena de cárcel por asalto y robo. El pequeño Manson se fue a vivir con sus tíos Bill y Glenna a McMechen, West Virginia, hasta que su madre salió de prisión para reanudar su vida como granuja profesional.

El 7 de diciembre de 1941, los Estados Unidos se vieron forzados a entrar en la II Guerra Mundial tras el ataque a Pearl Harbour. En 1945, el bombardeo de Hiroshima y Nagasaki puso fin a la II Guerra Mundial. Ese mismo año, Harry S. Truman se convirtió en el trigésimo tercer presidente tras el fallecimiento de Roosevelt.

Mientras tanto, el pequeño Manson se iniciaba en el crimen con actos vandálicos que pudieron incluir prender fuego a su escuela. Fue declarado *delincuente juvenil* cuando en 1947 ingresó en la escuela de chicos Gibault, en Indiana, una institución dirigida por curas católicos aficionados al castigo físico. Manson huyó de allí y vivió como vagabundo durante unos meses, cometiendo su *primer delito oficial* en 1948, al robar una tienda de alimentación. En 1949, trabajando como cartero de la *Western Union*, se le pilló hurtando cheques, y fue confinado en un colegio de chicos en Omaha, Nebraska. Huyó de allí al cuarto día, robando con un compañero un coche a punta de pistola. En seguida se colocaron como *aprendices de canallas* con un ladrón profesional. Le detuvieron y enviaron al estricto reformatorio *Indiana Boys School*, donde fue maltratado por parte de sus compañeros con el consentimiento de los guardias. Huyó del colegio dieciocho veces. Fue entonces cuando ingenió la técnica del *Juego del loco* para defenderse, creando las muecas y los aspavientos de demente peligroso tan características de él.

En 1951 volvió a escapar, robó un coche y fue detenido en Utah por el crimen federal de conducir un coche robado a través de varios estados. Ingresó en la *National Training School for Boys*, un reformatorio dependiente del gobierno federal situado en Washington D.C. Allí se determinó que, aunque analfabeto, poseía un elevado cociente intelectual. También se le consideró altamente anti-social. Por recomendación de sus psiquiatras, Manson fue transferido al *Natural Bridge Honor Camp*, una cárcel de mínima seguridad en Virginia. Su tía Glenna habló en su favor, pero un mes antes de que le dieran la condicional en febrero de 1952, se le pilló intentando violar a un chico a punta de navaja. Fue transferido al *Federal Correctional Institution* en Petersburg, Virginia, donde volvió a cometer ocho faltas disciplinarias serias, tres de ellas actos homosexuales. Ingresó en el reformatorio de máxima seguridad *Chillicothe Correction Institution* en Ohio, donde permanecerá hasta su mayoría de edad. Al salir, volvió a vivir con sus tíos en West Virginia.

En 1955, Manson se casó con Rosalie Jean Willis, una camarera de hospital de quince años. Estando ella embarazada, se trasladaron a Los Ángeles en un coche robado, por lo que reincidió en el mismo crimen federal. Tras una evaluación psiquiátrica, se le concedieron cinco años de libertad condicional. Al no aparecer ante el juez, se le detuvo en Indianapolis en 1956. Se le revocó la libertad condicional con una sentencia de tres años de cárcel en *Terminal Island*, Los Ángeles. Mientras tanto, Rosie había dado a luz a su hijo Charles Manson Jr. La madre de Charles se había mudado con su nuera, lo cual fue fatal para todos. En 1957, la madre le chivó a Charles que su mujer está viviendo con otro hombre. Días antes de la revisión de su libertad condicional, Manson trató de escapar robando un coche, por lo que le volvieron a caer cinco años más.

En 1958, Rose se divorció de Charles. Para entonces, ya había encontrado a otra muchacha de dieciséis años con padres ricos a la que chulear. Un año después le pillaron por falsificación de un cheque del Tesoro. Leona Rae *Candy* Stevens, con sólido historial de prostituta y madre de su segundo hijo, declaró ante el juez que estaba enamorada de él y que se casaría si le liberaban. Con ella y otra acompañante, Manson cruzó la frontera de Mexico en posición de chulo, por lo cual fue detenido otra vez en 1960 acusado de violar la *Mann Act*, que penaba "la esclavitud blanca": trasladar mujeres de un estado a otro con propósitos inmorales. Al año siguiente se le solaparon tantos arrestos, con violaciones y denegaciones de libertad condicional, que le cayeron diez años de prisión.

En julio de 1961, se le trasladó a *McNeil Island Penitentiary*, Washington. Allí conoció a Alvin Creepy Karpis, *gangster* de la banda Berker-Karpis, al que pidió que le enseñara a tocar la guitarra. El popular actor mexicano

Danny Trejo también fue compañero de trullo, y supuestamente practicaron juntos sesiones de hipnotismo. Qué más aprendió en esa cárcel es algo que las sombras ocultan celosas. En 1966, *Anno Satanas*, regresó a *Terminal Island*. En 1967, había vivido más tiempo en prisión que fuera, por lo que pidió a las autoridades que no le pusieran en libertad. Pero lo hicieron, y con la condicional en el bolsillo, no se lo pensó dos veces y se trasladó a Berkeley, California. Con ello volvía a violar la ley, pero en lugar de regresar a la cárcel, como había sido el patrón descrito líneas atrás, su destino cambió de repente. El oficial federal Roger Smith se hizo cargo de su supervisión, y antes que terminara el año solo llevaba su caso.

De acuerdo con *CHAOS: Charles Manson, the CIA, and the secret history of the Sixties*, de Tom O'Neill, (Back Bay Books, 2019), este enigmático oficial federal nunca declaró en el juicio de Manson, aunque su papel fuera clave en su historia. Tras abandonar su puesto en el Departamento de Justicia, Roger Smith continuó supervisando a Manson mientras trabajaba en la *Haight Ashbury Free Medical Clinic*, la controvertida clínica de San Francisco subvencionada por el *Instituto Nacional de Salud*, y muy probablemente por la CIA. Estaba abierta 24 horas todos los días de la semana y era atendida por voluntarios que trataban a centenares de jóvenes con todo tipo de heridas, malos pedos, embarazos no deseados y traumas inconfesables. De manera encubierta también se experimentaba con aplicaciones cotidianas de LSD y metanfetamina. Llevó a cabo sus actividades en el momento más álgido del movimiento *hippie* de la ciudad californiana, el *Verano del Amor* de 1967.

Bajo la supervisión de Roger Smith, Manson empezó a consumir LSD y a predicar el amor libre inspirado por la novela *Forastero en tierra extraña*. Como el inusual protagonista del libro de Robert Heinlein, Manson logró hacerse con una corte de seguidores, la mayoría mujeres, mientras un paternal Jubal Harshaw valoraba su progreso, que era lo que venía haciendo el ex-agente federal. Aparte de imitar los postulados de este libro de ciencia ficción, Manson contaba ya con otros conocimientos que siguen siendo objeto de múltiples hipótesis. Se especula sobre el lugar o lugares en los que supuestamente pudo haber adquirido nociones de *Cienciología*, *Rosacrucismo*, y *Masonería*. También hay diferentes versiones sobre quienes fueron los que le iniciaron, y con qué fin. En las distintas ocasiones en las que personalmente he emprendido esa investigación, he sentido la viscosa cercanía de la más pura sombra del horror. Después de años de intensa lectura, mi única certeza es que ciertas sombras solo pueden existir en la incertidumbre, emanando un hedor aún peor que el de la raíz de Tanis.

En julio de 1961 pudo haber sido "auditado" por Lanier Raymer, su compañero de celda en *McNeil Island Corrections Center*. Otras fuentes mantienen que Manson ya era practicante avanzado de ciertas fórmulas desarrolladas por L. Ron Hubbard, como la inducción a la pre-hipnosis y la manipulación post-hipnótica. En un informe de esa fecha él declaraba que "había ganado entendimiento sobre su propia condición gracias a la *Cienciología*". Sin embargo, en 1966 declaró no seguir siendo un adepto. Hay autores que opinan que hizo *squirreling*, esto es, copiar y derivar estas prácticas en beneficio propio. Es posible que no completara su formación al ser considerado un individuo demasiado inestable. Sea como fuera, alcanzó el nivel 150 y conocía íntimamente la metodología. No sería hasta 1968 cuando empezó a extraer verdadero jugo a todo lo aprendido en las celdas de las distintas penitenciarías, probando a ser practicante *Pro*, a juzgar por lo sucedido en los meses siguientes.

En la filosofía de Manson también pueden encontrarse semejanzas con ciertas proclamas de la *Iglesia del Proceso del Juicio Final*, a quienes ya se ha citado fundando *Xtul*, y que creían que Satán se reconciliaría con Jesús para asistir juntos al Fin del Mundo. Robert y Mary Ann de Grismton, ex-miembros de la *Iglesia de la Cienciología*, habían fundado su propio clan en 1966, llegando atraer a numerosas celebridades como Marianne Faithful, sobrina nieta del célebre escritor Sacher-Masoch. Después de su viaje iniciático por Centroamérica, el matrimonio De Grimston había abandonado Londres para socializar y captar nuevos miembros en la soleada California. Otras sectas de la zona incluían la siniestra *Kirke Order of Dog Blood* compuesta por un reducido grupo de enigmáticos individuos, y *The Fountain of the World*, fundada por Krishna Venta, que había sido asesinado diez años antes en una explosión de dinamita causada por dos ex-miembros. Éstos solían practicar su culto en las cuevas subterráneas de Simi Valley, California, con ideas apocalípticas similares a las de *Helter Skelter*.

Al poco de asentarse en San Francisco, Manson se fue a vivir con Mary Brunner, una licenciada de veintitrés años que trabajaba como auxiliar de biblioteca. Poco después Linette Fromme se unía a la pareja. Le sucedió entonces una transformación inaudita: pasó de violento convicto anti-social a gurú iluminado en Haight-Ashbury, cuna de la nueva espiritualidad mundial. Durante 1968, Manson había logrado atraer a unos veinte seguidores, la mayoría mujeres, que le llamaban JC porque le creían Jesucristo. Lo hizo bajo la supervisión de Roger Smith y el director de la ya mencionada clínica David E. Smith. De acuerdo con lo escrito por este último en su libro *Love Needs Care* (Little, Brown and Company. Boston 1971), Manson reprogramaba hábilmente la mente de sus seguidores con la ayuda de LSD e inusuales prácticas sexuales. Les despojaba de todo lo que habían aprendido hasta entonces, procurándoles la nueva identidad de no tener identidad. Uno de los miembros de la banda, Paul Watkins, declaró durante el juicio que Manson retaba a los demás a tomar grandes dosis de LSD, mientras que él tomaba lo mínimo para poder manipular el viaje comunal. En *Journal of Psychodelic Drugs*, David E. Smith también publicó un estudio describiendo las intensas terapias grupales que Manson llevaba a cabo. Se titula *The Group Marriage Commune: A Case Study* (1968), y en su redacción colaboró el experto en substancias psicotrópicas A.J. Rose.

En este punto cabe recordar que, mientras el chamán convicto daba forma a su grupo de acción, Martin Luther King era asesinado en abril del 68. Tan solo dos meses después, el 3 de junio, Sharon Tate y Roman Polanski asistían a una cena ofrecida en casa de John Frankenheimer, el director de la intrigante película *El candidato de Manchuria* (1962), donde la recién casada tuvo el placer de hablar con Robert Kennedy y su mujer Ethel. Tres días después, Sirhan Sirhan disparó sobre el candidato presidencial causándole la muerte. Con todo, era la proyección de la película *La semilla del diablo* lo que escandalizó a América en ese verano.

Manson y su grupo se autodenominaban *The Garbage People*, *La Gente Basura*, porque rescataban de los contenedores todo aquello que pudieran reutilizar además de comida. Fue Bugliosi quien les rebautizó como *La Familia* en su juicio-espectáculo. A principios del verano del 68, sus principales miembros eran Charles *Tex* Watson, Bobby Beausoleil, Leslie Van Houten, Patricia Krenwinkel, Mary Brunner y Susan Atkins, éstas últimas conocidas como *Las brujas de Mendocino*. Tanto Manson como el resto de la banda parecían gozar de la protección de extraños dioses ante los oficiales de la ley ya que, aunque eran detenidos por todo tipo de delitos, nunca se les envió a prisión. Se hicieron con un viejo autobús escolar de color negro para poder moverse con autonomía entre Topanga Canyon, Malibu y Venice. Se cuenta que una noche hicieron una orgía a un lado de la carretera, y cuando la policía les descubrió desnudos pensaron que habían tenido un accidente y que estaban muertos. Antes de que la llevaran esposada, Mary Brunner entró en el autobús negro para coger a *Pooh Bear*, Valentine Michael, el bebé que había tenido con Manson. El niño fue acogido por el ex-oficial Roger Smith y su mujer antes de ser adoptado por los padres de ella.

En este punto, merece la pena dedicar un párrafo a Bobby Beausoleil, un músico canalla con una fuerte afición por el ocultismo. En 1967 había vivido con el director de cine Kenneth Anger en San Francisco, siendo iniciado en la historia y práctica de la magia, fundamentalmente de Crowley. En la película *Lucifer Rising*, interpretó a Lucifer y compuso la banda sonora con su grupo *The Magick Powerhouse of Oz*. La esotérica obra debía haberse estrenado en el equinoccio de otoño, pero Anger y Beausoleil se enzarzaron en una pelea feroz y se terminaron separando. A principios de 1968, el músico maldito se mudó a vivir con Gary Hinman, un profesor de música con oscuras tendencias cuyo asesinato inició la masacre en cascada un año después.

En la primavera de 1968, Dennis Wilson de los *Beach Boys* entró en el círculo Manson tras subir al coche a las autoestopistas Krenwinkel y Ella Jo Bailey. Wilson les contó a las chicas que conocía al *Maharishi*, el gurú indio de moda en ese momento en LA, y ellas le respondieron que contaban con su propio maestro espiritual. Wilson sintió absoluta fascinación por Manson y llegó a denominarle *The Wizard*, *El Mago*, en una entrevista publicada ese año por la revista inglesa de rock *Rave Magazine*, afirmando que además grabaría su primer album con la productora *Brother Records*. Así es como se supone que el oscuro gurú crooner conoció a Terry Melcher, que desde 1966 vivía con su novia Candice Bergen en 10050 Cielo Drive. En el ya citado libro de Tom O'Neill se muestran evidencias de que Melcher y Manson se conocían ya de antes, y que incluso acudió a verle al *Spahn Ranch* tras los asesinatos de Tate-La Bianca. En cualquier caso, antes de la celebración del controvertido juicio, se eliminó todo lo que pudiera asociar a Manson con el hijo de la famosa Doris Day. Melcher contaba con la ayuda legal de Robert Winslow, el mismo juez que dejó a Atkins en libertad tras los incidentes de Mendocino.

Manson y Wilson grabaron varios temas, entre ellos *Cease to exist*, que acabó con el título *Never learn not to love* cuando se convirtió en la cara B de un *single*. En los créditos no solo no se incluyó al *Mago*, sino que supuestamente Melcher se negó a producir el prometido álbum. *La Gente Basura* desarrolló por ello tanta hostilidad que Wilson acabó huyendo de la casa muerto de miedo. La banda se quedó en ella hasta que concluyó el contrato de alquiler, dejando al casero de Wilson una bala como mensaje.

En agosto de 1968, decidieron acomodarse en el famoso *Spahn Ranch*, un decadente set para películas del oeste que se mantenía malamente vendiendo paseos a caballo. En tan solo seis meses, las chicas *Basura* habían pasado de llevar flores en el pelo a esconder machetes bajo sus faldas, y se turnaban en la tarea de mantener entretenido a George Spahn, el dueño del rancho, un viejo ciego de 80 años. Empezaron a recibir instrucciones de Manson para sobrevivir a una futura guerra de razas entre la minoría negra americana y la raza blanca. Como supremacista blanco, Manson les transmitió la visión de que los negros se alzarían y matarían a la totalidad de la población blanca, con excepción de Manson y seguidores, que sobrevivirían escondidos en un secreto lugar en *Death Valley*: *The Hole*, *El Agujero*, la mismísima entrada a los infiernos. Los negros, según el convicto, no serían lo suficientemente inteligentes para vivir por sí solos, por lo que tendrían que contar con él como su maestro. Tal es la reconstrucción filosófica con la que Vicent Bugliosi justificaría la matanza del verano siguiente. *El Mago Profeta* habría recibido instrucciones a través de la canción *Helter Skelter* del álbum *White* de *The Beatles*.

Encarnando ya su papel de líder apocalíptico, el 23 de marzo de 1969 puso en marcha una atroz confluencia al irrumpir en 10050 Cielo Drive buscando a Melcher para supuestamente tratar de lo sucedido con Wilson. Salió a recibirle el famoso fotógrafo iraní Shahrock Hatami, autor del documental *Mia y Roman* sobre la filmación de *La semilla del diablo*. Manson le dijo que estaba buscando al productor de *Brother Records*, y Hatami le informó que en ese momento Cielo Drive era la residencia privada de los Polanski. Mientras le indicaba el camino a la casa de huéspedes, Tate apareció y le preguntó a Hatami que quién era ese individuo. Manson desapareció buscando a Terry, y al no encontrarle se marchó sin mediar más palabras. Esa misma noche, Manson volvió a Cielo Drive y se dirigió directamente a la casa de huéspedes. Habló con Altobelli, el dueño de Cielo Drive, quien le informó que Melcher se había mudado a Malibú y que desconocía su nueva dirección, aunque sí la sabía. Según el escritor Tom O'Neill, existen evidencias de que Manson también conocía la nueva dirección de Melcher en ese momento. Al día siguiente, Altobelli acompañó a la actriz a Roma. Tate volvió a interesarse por la identidad de aquel extraño personaje que había cruzado por su propiedad dos veces, y cuyo siniestro influjo se cruzaría fatalmente con ella de nuevo una vez más.

A principios del verano de 1969, en cualquier caso, era obvio que Manson estaba tramando algo grande, haciendo acopio de dinero de todas las maneras posibles, adquiriendo droga y armamento y robando *buggies*. *La Gente Basura* se había transformado en una guerrilla sanguinaria, gracias a estrictos ejercicios militares, sesiones de hipnosis y un disparatado cocktail de LSD con *speed*. Paradójicamente, a pesar de la gran cantidad de metanfetaminas que consumió *La Familia* en esas semanas, la substancia no se nombró en el juicio: nadie quería condenar a individuos adictos al rabioso cristal blanco. En *Érase una vez en Hollywood* (2019), Tarantino también obvió la popularidad del *speed* en Los Ángeles de esos años, entre otros muchos elementos, simplificando lo sucedido de manera tal que no queda otra cosa que calificar su película como una payasada incomprensible.

Nunca se ha llegado a dilucidar la razón por la cual Gary Hinman fue asesinado el 27 de junio de 1969. Se dice que la banda pensó que había heredado mucho dinero y que, por ello, Brunner, Atkins y Beausoleil le torturaron durante días para que lo entregara. Otras fuentes consideran que un alijo de mescalito en mal estado pudo haber provocado su ejecución. En cualquier caso, parece ser que Manson le acabó atacando con una *katana* y rebanándole una oreja, dejando después que Beausoleil le rematara. Este último también escribió *Cerdo Político* en la pared, junto con la pata de una pantera: símbolo inequívoco de los *Black Panthers*. El 6 de agosto, Beausoleil fue detenido por ir conduciendo el coche de Hinman, por lo que fue a prisión.

La teoría más extendida sobre la masacre de Cielo Drive era que tenía como objetivo recrear un crimen similar al de Hinman para sacar a Beausoleil de la cárcel. Más allá de cualquier hipótesis, lo cierto es que la noche del 8 de agosto de 1969, Tex Watson se dirigió a la casa de Benedict Canyon con Atkins, Krenwinkel y Kasabian para que "destruyeran todo lo que encontrasen allí de la manera más brutal, dejando por último una señal *brujesca*", según había determinado el *Mago Comandante* Manson. Esa noche había seis personas en Cielo Drive: Sharon Tate, embarazada de ocho meses y medio; el famoso estilista Jay Sebring, amigo y ex-amante de la actriz; Wojciech Frykowski, guionista polaco amigo de Polanski; Abigail Anne Folger, activista y heredera del imperio Folger; William Garretson, el muchacho que vivía en la casa de invitados, y Steven Earl Parent, un amigo de Garretson. Polanski estaba en Europa trabajando en *El día del delfín*, tal y como se vio en el epígrafe anterior.

Watson y las tres mujeres llegaron a la casa pasada la medianoche, y escondieron el coche al fondo de la colina.

Durante todo el verano habían estado practicando el *creepy crawling*, *avance inquietante*, que consistía en introducirse de noche en los domicilios sin despertar a nadie, robar cosas absurdas y cambiarlas de sitio. Manson lo había extraído de las tácticas de ataque de los soldados norteamericanos en Vietnam, adoptándolo como rutina de entrenamiento durante ese verano. Watson subió por el palo del teléfono ubicado en la puerta de la entrada y cortó la línea. A continuación, trepó el resto de la cuadrilla. Una vez dentro de la finca se encontraron de frente con las luces de un coche que salía, y Watson indicó a las mujeres que se escondiesen entre los matorrales. Se trataba de Steven Earl Parent, que había ido a visitar a Garretson en la casa de huéspedes. Le disparó 4 veces con una pistola de calibre 22 y continuaron hacia la casa.

Kasabian se quedó custodiando la entrada a la finca junto al coche de Parent. Watson cortó la pantalla de una ventana, entró por ella, y abrió la puerta frontal para que entraran Atkins y Krenwinkel. Watson despertó a Frykowski con un golpe en la cabeza. El guionista polaco le preguntó que qué hacía ahí, a lo que Tex respondió: "Soy el diablo, y estoy aquí para ejecutar el trabajo del diablo". Le maniataron con una toalla y se dirigieron a las habitaciones para encontrar al resto de los ocupantes. Sharon Tate estaba tumbada sobre su cama charlando con Sebring, mientras que Forger leía en su habitación. Les forzaron a todos a ir al salón, donde Watson ató por el cuello a Tate y a Sebring con una larga cuerda que había traído consigo, pasándola a continuación por una de las vigas del techo. Sebring dijo que no se podía tratar así a una embarazada, por lo que Watson le disparó y apuñaló siete veces. Frykowski se liberó de la atadura de la toalla y empezó a luchar con Atkins hasta que ésta le apuñaló en las piernas haciéndole caer. El polaco siguió arrastrándose para atravesar la puerta y salir al porche, pero Watson le alcanzó, le golpeó con la pistola en la cabeza múltiples veces, le apuñaló con frenesí, y luego le disparó dos balazos.

Kasabian había estado escuchando gritos espeluznantes y se acercó a la casa. Con el fin de detener el asalto, le gritó a Atkins que alguien se acercaba en coche. Mientras tanto, Folger se había escapado de las garras de Krenwinkel y trataba de huir hacia la piscina. Krenwinkel fue tras ella, atrapándola sobre el césped y apuñalándola con profusión. Watson le ayudó a matarla. Se encontraron veintiocho puñaladas en su cuerpo. Frykowski quiso ayudar a su prometida reptando medio moribundo sobre el césped, pero Watson continuó apuñalándole hasta matarle. Se le encontraron cincuenta y una puñaladas. También había sido golpeado con la culata de la pistola trece veces, causando que se fragmentara, lo que hizo fácil su posterior identificación.

En el interior de la casa, Tate rogaba que le dejaran vivir lo suficiente como para dar a luz a su hijo, y se ofreció como rehén. Atkins y Watson procedieron a apuñalarla dieciséis veces. Es probable que siguiera viva cuando le colgaron de la cuerda, ya que la causa oficial de su muerte fue hemorragia masiva. Sebring en cambio murió por ahorcamiento.

Antes de marcharse, Atkins siguió las instrucciones de Manson y dejó una señal brujesca: con la sangre de Tate escribió *PIG, cerdo*, en la puerta frontal de la casa, replicando el grafiti de la vivienda de Hinman para facilitar la liberación de Beausoleil. La noche siguiente, el diablo y sus secuaces eligieron el barrio de Los Feliz para masacrar a los La Bianca, dejando también los escalofriantes grafitis que hacían referencia al tema escrito por Paul McCartney, *Helter Skelter*, término que podría traducirse como "caótico, atropellado, tobogán en espiral".

Los asesinatos del 9 de agosto de 1969 se convirtieron en portada en todo el país, cuando el ama de llaves de los Polanski, Winifred Chapman, descubrió los cuerpos a la mañana siguiente. Los detectives del Departamento del Sheriff del Condado de Los Ángeles, que tenían jurisdicción en el caso Hinman, informaron a los detectives del Departamento de Policía asignados en Cielo Drive de la similitud de la señal ensangrentada de la casa de Hinman. Según Vincent Bugliosi, los detectives pensaron que era un ajuste de cuentas por drogas e ignoraron ésta y otras pruebas similares. Pero el detective de Homicidios Charlie Guenther manifestó otra opinión: "Vince [Bugliosi] no quería investigar el caso Hinman porque era un caso insignificante y como fiscal en alza solo le interesaban los casos estrella".

Tal y como se ha señalado, el papel de Bugliosi en este caso es crucial, ya que no solo actuó como fiscal general contra Manson y *La Familia*, sino que además escribió el libro *Reclaiming History: The Assassination of President John F. Kennedy* en el que confirmaba que todo lo constatado en el *Informe Warren* era cierto. Así vuelve a repetirse el modelo expuesto en el primer capítulo de este estudio: explicar un crimen aterrador con una teoría oficial que cojea por todos los flancos. Bugliosi era un potente creador de narrativas: cuando se hizo cargo del *caso Manson*, ya contaba con una larga experiencia "cocinando" notorios asuntos como fiscal de Los Ángeles. Después de reajustar convenientemente lo acontecido en Cielo Drive y Los Feliz, para asegurar la pena capital a los componentes de *La Familia*, abandonó su puesto de funcionario civil e inició una frustrada carrera política. Posteriormente compatibilizó su ejercicio como detective privado con sus actividades de escritor, publicando libros sobre O.J. Simpson, Bill Clinton, George Bush, y Robert Kennedy, junto con el arriba mencionado título sobre John F. Kennedy.

Más allá de la reducida extensión del presente estudio, dar cobertura a lo acaecido tras las masacres Tate-La Bianca es una tarea aciaga para todo aquel que la emprende.

Existen numerosas versiones, y la persistente insistencia de la versión oficial tergiversa tanto la percepción de los hechos que posteriores acercamientos resultan contaminados. En todo caso, lo que es obvio para casi todos los observadores es que la falta de coordinación de los distintos departamentos de policía responsables hizo que la detención de los perpetradores se retrasara meses. Manson y su grupo fueron detenidos en *Spahn Ranch* apenas una semana después de los asesinatos del 9 y 10 de agosto, pero por "ser sospechosos de robo de automóviles *Volkswagen Beetle*". A estas alturas no puede extrañar que fueran liberados porque "la orden de registro estaba mal fechada". En todo caso, Manson decidió que era el momento de continuar su siniestra misión en otro entorno y se trasladaron a vivir al *Barker Ranch* en el Valle de la Muerte.

En octubre de 1969, fueron de nuevo detenidos por quemar una excavadora propiedad del *Death Valley National Monument* y de vandalizar la zona. La policía encontró además *buggies* y otros vehículos robados. No tuvo mayores consecuencias legales. Entre tanto, Susan Atkins había sido detenida como cómplice en el asesinato de Gary Hinman, y estando en prisión alardeó ante su compañera de celda, Virginia Castro, de ser la asesina de "la famosa actriz de la que hablaban en la tele". Sin ese chivatazo, cabe preguntarse cuánto más hubiese tardado la policía en asociar a la *Gente Basura* con los múltiples asesinatos que sucedieron en el área entre 1968 y 1969, siendo los más célebres el de Tate y La Bianca. Virginia Castro acabó recibiendo los $25.000 de recompensa ofrecidos por Polanski, junto con el joven Steven Weiss, que el 1 de septiembre de ese mismo año había encontrado en un arbusto cerca de su casa la pistola con la que Watson le reventó la cabeza a Frykowski.

El 18 de noviembre, Bugliosi se hizo cargo del caso y finalmente el 1 de diciembre el jefe de la LAPD, Edward Davis, informó a la prensa que los responsables de los asesinatos Tate-La Bianca habían sido detenidos. Watson, Krenwinkel, y Kasabian pasaron a disposición judicial ese mismo día. Atkins y Manson ya estaban en custodia, éste último por los incidentes vandálicos acaecidos en el Valle de la Muerte.

No puede más que calificarse de grotesco el juicio que a continuación se llevó a cabo, pura fabricación de Bugliosi, con demasiados testigos ausentes e importantes tergiversaciones. Por si fuera poco, el presidente Nixon declaró públicamente el 4 de agosto de 1970 que Manson era culpable, usurpando el papel del jurado popular, y quebrando los estrictos protocolos con los que la Constitución estadounidense defiende la legalidad, algo que en otra circunstancia hubiese desembocado en un juicio nulo. En cualquier caso, el 25 de enero de 1971 se les declaraba culpables, sentenciándoles a la pena de muerte. Sin embargo, en un giro inesperado de los acontecimientos, el 24 de abril de 1972 el estado de California declaró inconstitucional la pena de muerte, convirtiendo su sentencia y la de Atkins, Krenwinkel, Van Houten y Watson en cadena perpetua. Bobby Beausoleil, quien en 1970 había sido sentenciado a muerte por el asesinato de Hinman, también se vio favorecido por esta conmutación.

Han pasado 55 años y más allá del mediocre empeño de Bugliosi de imponer su entramado de mentiras, la verdad está despierta y vive. Tal y como se reflejó en el primer capítulo en torno al asesinato del presidente John F. Kennedy, también aquí las especulaciones se disparan. Algunos investigadores se han aventurado a cruzar la línea fatal que separa la versión oficial de los hechos para acceder, como Charles Marlow, al Corazón de las Tinieblas. A poco de avanzar en esta dirección desconocida, el rastro de lo real se disuelve en la oscuridad, desfigurando los rostros de quienes manejaron los hilos de aquellos y otros acontecimientos. Creen permanecer seguros en lo oculto, por los siglos de los siglos.

Quizá.

Agradecimientos

Quiero declarar mi más sincero agradecimiento a Frank G. Rubio por el apoyo incondicional prestado para que el presente estudio pasara de ser una idea a un libro publicado. Así mismo, expresar mi gratitud al escritor Lorenzo Luengo por sugerirme bibliografía sobre los temas tratados.

Adicionalmente, dedicar este libro a Margarita Landi, nadadora de fondo en los océanos del Horror.

Por último, hacer constar mi admiración a Roman Polanski, gran maestro.

Madrid, 24 de marzo de 2024.
Domingo de Ramos. Luna llena en eclipse parcial.

Todavía riendo, el señor Castevet dijo, -¡ciertamente lo es! ¡Es justo lo que es; puro espectáculo.

-Es verdad que lo es, -dijo Guy.

-La vestimenta, los rituales, -continuó el señor Castevet; -todas las religiones, no solo el catolicismo, son cacahuetes para ignorantes.

El señor Castevet añadió, -Creo que estamos ofendiendo a Rosemary.

-No, en absoluto, para nada, -respondió Rosemary.

-No serás religiosa, ¿verdad? -preguntó el señor Castevet.

-Fui educada como tal, -dijo Rosemary, -pero ahora soy agnóstica. No me he sentido ofendida, lo digo sinceramente.

-¿Y tú, Guy? -Preguntó el señor Castevet. -¿También eres agnóstico?

-Supongo que sí, -dijo Guy. -No sé cómo se puede ser otra cosa. Quiero decir, no hay ninguna prueba ni de lo uno ni de lo otro, ¿no?

-No, no lo hay, -dijo el señor Castevet.

La señora Castevet, observando a Rosemary, dijo, -te he sentido un tanto incómoda antes, cuando nos reíamos de la pequeña broma de Guy sobre el papa.

-Bueno, es el papa, -dijo Rosemary. -Supongo que me educaron en el respeto hacia él y todavía lo siento así, incluso aunque piense que no es santo.

-Si no crees que es santo, -dijo el señor Castevet, -no deberías tener respeto por él en absoluto, porque va por ahí defraudando a la gente y pretendiendo que es santo.

-Tienes razón, -dijo Guy.

-Cuando pienso en todo lo que se gasta en ropa y joyas, -dijo el señor Castevet.

*****

-Satán es Su Padre, no Guy, -dijo Roman. -¡Satán es Su Padre, que ascendió del Infierno y concedió su Hijo a una mujer mortal! ¡Para vengarse de las iniquidades de los adoradores de Dios sobre Sus seguidores fieles!

-Ave Satán, -dijo el señor Wees.

-¡Satán es Su Padre y Su nombre es Adrian! -Roman exclamó, alzando la voz con gran orgullo y talante fuerte y contundente. -¡Derrocará al Todopoderoso y devastará sus templos! ¡Redimirá a los despreciados y buscará venganza en el nombre de los quemados y de los torturados!

-Ave Satán, -dijeron. -Ave Adrián. -Ave Adrián. y -Ave Satán. -Ave Satán. -Ave Adrian. -Ave Satán.

Rosemary negó con la cabeza. -No, -dijo.

Minnie dijo, -Te escogió de todas las mujeres del mundo, Rosemary. De todas las mujeres del mundo entero, Te escogió a ti. Os guió a ti y a Guy a este apartamento, e hizo que aquella imbécil como-se-llame, Terry, se asustara y tuviése-

107

mos que cambiar los planes. Arregló todo lo que tenía que arreglar porque Él quería que tú fueses la madre de Su Hijo Viviente.

-Su poder es más fuerte que fuerte, -dijo Roman.

-Ave Satán, -dijo Helen Wees.

-Su voluntad perdurará por los siglos de los siglos.

-*Ale Satta*, -dijo el japonés.

Laura-Louise abrió la boca. Guy miró hacia lo que Rosemary sostenía en sus manos.

-No, -dijo, -no, -con el cuchillo colgando a su lado. -No. No puede ser. No.

-Mira Sus manos, -dijo Minnie. -Y Sus pies.

-Y Su rabo, -dijo Laura-Louise .

-Y los capullitos de Sus cuernos, -dijo Minnie.

-Oh Dios mío, -dijo Rosemary.

-Dios está muerto, -dijo Roman.

Se volvió hacia la cuna, dejó caer el cuchillo, y dio la espalda al aquelarre que la observaba. -¡Oh Dios! Y elevó sus puños y gritó hacia el techo: -¡Oh Dios! ¡Oh Dios! ¡Oh Dios! ¡Oh Dios! ¡Oh Dios!

-¡Dios está MUERTO! -estalló Roman. -¡Dios está muerto y Satán vive! Es el año Uno, el primer año de nuestro Señor! ¡Es el año Uno, Dios está acabado! ¡Es el año Uno, los comienzos de Adrian!

-¡Ave Satán! -exclamaron al unísono. -¡Ave Adrián! -¡Ave Adrián! -¡Ave Satán!

-¡No, no! -retrocedió más y más hasta que se halló entre dos mesitas de bridge; se sentó y se quedó mirándolos fijamente. No.

*****

Todo el mundo dijo "Ave Andrew" y "Ave Rosemary, madre de Andrew" y "Ave Satán."

Abrams, Nathan. "Why Rosemary's baby was really a Jewish Horror Movie". *Forward online magazine*. 12 abril 2018.

Aguilar, Carlos y G. Rubio, Frank. *El libro de Satán*. Ediciones Temas de Hoy. Madrid 1999.

Anger, Kenneth. *Hollywood Babylon I y II*. Dutton. New York, 1984.

Davide, Caputo. *Polanski and perception: the psychology of seeing and the Cinema of Roman Polanski*. Intellect. Bristol. 2012.

Donward, James Shelby. *King Kill 33. Alchemical conspiracy and the death of the west 233*. Introduction by Michael A. Hoffman II. Apocalypse Culture, 1987.

Castle, William. *Step Right Up! I'm gonna scare the pants off America*. G.P. Putnam's Sons. New York, 1976.

Cronin, Paul. *Roman Polanski interviews*. University Press of Mississippi. 2005.

Ehrenstein, David. *Masters of Cinema. Roman Polanski*. Cahiers du cinéma, 2012.

Gardner, Gerald B. *Witchcraft today. Magickal Childe*. New York, 1982.

Gorightly, Adam. *The shadow over Santa Susana: black magic, mind control and the Manson family mythos*. Creation. London, 2009.

Gregory, Richard Langton. *Eye and brain, the psychology of seeing*. Weidenfeld and Nicolson. London, 1972.

Hanslet, J.R. *All of them witches*. J. Wagborn & Son, Booksellers. 1933.

Heinlein, Robert A. *Stranger in a strange land*. Berkley Books. New York, 1968.

Huysmans, J.K. *Allá abajo*. Editorial Montesinos. Barcelona. 2001.

Manchester, William. *The death of a president*. Penguin Books. 1977.

Michelet, Jules. *Satanism and witchcraft. A study in medieval superstition*. Lyle Stuart Inc. Secaucus, New Jersey. 1979.

LaVey, Anton Szandor. *The Satanic Bible*. Avon Books. New York, 1969.

Levin, Ira. Página web. https://www.iralevin.org/

Levin, Ira. *Rosemary's baby*. Signet. 1997.

Levin, Ira. *La semilla del diablo*. Ediciones Orbis, S.A. Barcelona, 1983.

Luengo, Lorenzo. *El satanismo contado a los niños*. Tropo Editores. Zaragoza, 2014.

Official key to the exhibit of the Vatican Pavilion at the New York World's Fair.

O'Brian, Michael. *Rethinking Kennedy: an interpretive biography*. Ivan R. Dee. Chicago, 2009

O'Neill, Tom. *CHAOS: Charles Manson, the CIA, and the secret history of the Sixties*. Back Bay Books, 2019.

Orr, John. Ostrowska, Elzbieta. *The cinema of Roman Polanski. Dark Spaces of the world*. Wallflower. London, 2006.

Palacios, Jesús. *Satán en Hollywood: una historia mágica del cine*. Valdemar. 1997.

Polanski, Roman. *Roman by Roman Polanski*. William Morrow and Company, Inc. New York, 1984.

Sanders, Ed. *The family. The story of Charles Manson's Dune Buggy Attack Batallion*. E.P. Dutton and Co, Inc. New York, 1971.

Smith, David E. *Love needs care*. Little, Brown and Company. Boston 1971.

Terry, Maury. *The ultimate evil: an investigation into a dangerous satanic cult*. Bantam Books. New York, 1989.

The Author speaks: selected PW interviews, 1967-1976. New York, Bowker, 1977.

The Process Church of the Final Judgement. *Sex Issue. Fear Issue. Death Issue*. Feral House, 2011.

White, Theodore H. "For President Kennedy, an epilogue". *Life Magazine*. Dec 6, 1963.

Zamora Calvo, María Jesús. *Ensueños de razón. El cuento inserto en tratados de magia (Siglos XVI y XVII)*. Editorial Iberoamericana. Madrid, 2005.

Guillermos Mas Arellano:
El lugar de las sombras: el cine hermético en Hollywood

Wilhem Dilthey:
Satanás en la poesía cristiana

William Blake:
El libro de Urizen

Galileo Galilei:
El Infierno de Dante

Carlos M. Pla:
Ocultismo y videojuegos

Frank G. Rubio:
Salvator Rosa, las pinturas brujas

Amelina Correa Ramón:
Amalia Domingo Soler y el espiritismo de Fin de siglo

Pedro Ortega:
Arte y sociedades secretas

Jesús Palacios, Rosemary Thorne y otros:
Hijos de la noche: vampiros, cine y literatura

Juan Francisco Pastor Paris:
Ruinas: poética y estética de lo sublime

César Barrio:
Lo que no se ve: contenido de la obra de arte

Andrés Sánchez Martínez:
Salomé: imágenes de un mito finisecular

G. K. Chesterton:
Magia, una comedia fantástica